わくわく創年時代

年金プラスαの生き方

コミュニティ

生涯学習

仕事づくり

福留　強
NPO法人全国生涯学習まちづくり協会　監修

はじめに　高齢社会の課題を、創年の力で解決

年金プラスαのたまり場「くらし協同館なかよし」（ひたちなか市）

茨城県ひたちなか市の住宅街の中にある「くらし協同館なかよし」。かつて生協店舗であった跡地を再利用した、地域密着型のスーパー兼福祉施設です。店内には食料品と日用品等の雑貨店、喫茶コーナー、店舗の奥はサークル活動室、趣味講座が開かれており幅広い人たちが参加しています。

朝十時から近所に住む高齢者でいっぱいです。昭和四十年代に建てられた一戸建て住宅街でスーパーが閉店し、「食料品を近所で買えないという、高齢者たちの生活を直撃した難題に応える形で店を開いたのが契機でした」とリーダーの塚越教子さん。塚越さんは、仲間を募ることから始めましたが、皆、仕入れや販売経験など一切ない主婦ばかり。素人が事業を起こすことに周囲は反対も多かったようです。そこで利用者の意向を知るために、地域へのアンケート調査などを実施しました。生協の協力の下、まず青空市を開催。野菜を売りながらの実態調査を続けたのでした。開店にあたりNPOの認証を受けてスタートしましたが、当初は地域の理解を得られず苦労したと話します。そこで、地域の高齢者に伝統料理や行事を再現する催しを開催したこと、伝統料理のレシピを教わったことなどから次第に地域に溶け込んでいったと言います。

食の支援から始まった店であり、生鮮食料品、野菜や肉、豆腐や牛乳は地産のものを、卵は就労困難な若者が働く養鶏所から仕入れ、「新鮮で安い」が評判になっています。

青いエプロンは、調理チーム。調理場で働く惣菜チームは、料理好きの主婦が中心。店舗管理者が食品衛生責任者の資格を持っていることから、介護中の人や、長年引きこもりだった人も働けるようになっています。

オレンジエプロンは店舗チーム。多くの客に対してさまざまなサービスを行います。

シフトは、好きな日時に働ける任意制。「高齢者は皆、何らかの困難を抱えています。情報をみんなで共有して支えあうことが必要です、これが、この職場を続ける秘訣です」時給二百四十円を楽しんでいるようです。

百円で何でも配達「お惣菜チーム」の手作りの弁当、おにぎり、おかずセット、肉・魚料理、季節の創作料理、それに日替わり伝統食などはすでに定着しています。

「くらし協同館なかよし」がお手伝いできることとして、買い物、配達、ごみ出し、洗濯、託児、お話し相手、をスタッフで行っています。また、登録制で外出の介助は、一時間七百円でサポートしています。そのほか、心配事相談、お楽しみ行事（ふれあい食事会、手打ちそばの日、歌声喫茶、カラオケを楽しむ会）などが定期的に開かれており、楽しみ交流の機会が広がっているようです。そのために、「食事と喫茶のサロン」は、来客でにぎわっています。

「くらし協同館なかよし」には、和やかな空気が感じられます。ほっとする安らぎもあります。若々しい中高年が、楽しく仕事に取組んでいる光景が、何かしら勇気も与えてくれるようです。茨城県ひたちなか市の高齢化した団地に誕生した「くらし協同館なかよし」。平均年齢六十七歳、約九十人の元気スタッフが、いま、新しい地域活性化を実現させています。知恵を出し合い、仕事づくり、ボランティアに、まちづくりに活躍する中高年者たちの、生きがいを感じさせるさまざまな姿があります。それはまさに創年たちの力を発揮している光景です。

わくわく創年　自己を地域に生かす楽しみ方

創年とは

高齢社会が進行するなかで、「創年」という考え方が広がっています。

「創年」とは、中高年を中心に、「老人」「高齢者」などの用語ではなく、「積極的に生き、自分を再活性化させようとする前向きな生き方」を主張した呼称です。

創年の多くは、仕事を求めています。年金だけでは生活できない状況があるからです。高齢社会で、気持ちを取り直し創年の心をもって、前向きに生きようとする人も増えています。

「創年年齢」は実年齢の七割。六十歳は四十二歳というわけです。心がけと意気、社会貢献で達成される長寿の秘訣です。この「創年」が、いま広がりつつあります。

定年後の創年の男たち。経験もありながら社会的にはあまり活躍していない現実。かつての企業戦士も、一個人になれば弱いものです。一部は社会で大活躍しますが、大半はひっそりと悠々自適？　という生活です。いや、実態は年金だけでは生活できなくなる不安を抱えた人々が急増しているのです。

そこで、本書では「年金プラスα」をめざす、創年の生き方を提唱します。創年はまちづくりの中心でもあり、コミュニティの再生に動きます。創年こそ日本を救う決め手といってもいいでしょう。創年を自覚し高年期を三割近く若返らせれば、日本はまだまだこれからです。

高齢化社会は創年が救う　創年は社会的な資産

わが国は、少子高齢社会に急速に向かい進行しています。それは経済社会からすれば、人口が減少し生産力が低下し、要保護世代を増やし、社会の活力が停滞化することと理解されています。こうした中でも創年が活躍すれば、この不安も吹き飛ばしてしまうのです。

今日、退職した人々の活躍の場が少ないことが問題とされています。転勤を重ね郷里に帰ってきたら「知らない人ばかり」と嘆く男性は少なくありません。地域で何かしたいが手がかりがない。きっかけをつかめない圧倒的な数の男性たち。創年という視点からは、彼らは経験も豊富、意欲もあり、実績も十分なのに、多くの中高年に、活躍の場がないのです。その解決こそ地域創生の第一の成果になるのではないでしょうか。またそれが具体的な活動によって成果を上げていくのではないかと思われます。

高齢社会の不安　十人中高齢者が四人、子どもが一人。三割超える単身世帯

少子化や核家族化を背景に、一世帯あたりの平均人数も減っています。一九五〇年の五人から、二〇一〇年では、二・四二人に減っています。また単身世帯も、一九六〇年には全世帯の五％だったのが、二〇一〇年には三

世帯に一世帯になっていました。単身高齢者世帯は、一九六〇年には十三万世帯程度だったのですが、二〇一六年にはおよそ六十万世帯になっています。高齢男性の十人に一人、女性では五人に一人が一人暮らしになっているのです。

医療、介護、認知症、孤独死など高齢社会のマイナスイメージは、払拭しがたい実際的な問題です。誰もがそれらの可能性を秘めているだけに、けっして楽々の高年期の生活というわけにはいかないようです。このように、わが国の急速な高齢化の進行は、予測されていた通り、地方の過疎化、衰退等の問題を早めており、高齢化の課題を深刻にしているようです。したがって、地方を活性化し地域の生活を維持するために、地方創生が政策の中心的課題となっています。

創年は、長寿と医療費の削減のために効果

創年として、自ら生涯現役として積極的に生きるということは、個人にとって健康で学習を伴うことから、脳の活用も含めて、認知症を防ぐ効果や、より長寿のためにも効果があると期待されています。そのため、医療費の削減につながり、その点でも大きな貢献になるわけです。

一方で、増加する創年層を社会的資産として活用できれば、それは地域にとっては、大きな資源を有していることになります。知恵のある創年が多いということは、いわば博物館が多いまち。知恵の集団が多いまちと考えればよいのです。

創年が活動することにより、地域にとっても、高齢社会の課題の解決にも大きな効果が期待できるのです。それは国家にとって高齢者の医療費の削減、負担をふくめて国家財政的にも大きな成果が期待できるのです。その創年が機能すれば、停滞する社会に活力をもたらすことは言うまでもないでしょう。

本書のめざすもの　創年が元気日本の切り札

本書は、高齢社会をどのように生きていくか、そのための活動の手法、各地の実践例を紹介しつつ、具体的に次のようなことを提案しています。

○**「創年」というキーワード**

高齢社会を豊富な地域資源、社会資源として捉え、この高齢社会を明るくする「高齢社会の生き方」を「創年」というキーワードで、あらゆる側面から提案するものです。

○**創年こそ、健康で社会参加を前提とする高齢社会の決め手です**

創年の力は、新しい日本のため、青少年指導のために発揮されることが大切であり、その存在は大きいものです。

○**創年運動の可能性と広がり**

学ぶ、集まる、仕事づくり等の分野で社会参加を進める

学ぶ場…生涯学習の場、市民大学等で学ぶ

集まる場…「創年のたまり場」を広げる。地域で創年が集まり話し合いつながる場、人びとが自然に集まるような場

働く場の開発…仕事づくりと資格取得学習の実施

創年が活躍するまちづくり

わくわく創年時代

年金プラスαの生き方　〔目次〕

I部　創年は、元気創生日本の切り札

Ⅱ部　創年運動をすすめよう

Ⅰ部　創年は、元気創生日本の切り札

少子高齢化が進み、社会構造は大きく変わりました。とかく不安ばかりが注目されますが、中・高齢者は社会のお荷物？　いえいえそんなことはありません。これからの日本に重要な役割を果たすのが、この「創年」という新しい世代です。夢のある「わくわく創年時代」の可能性を進めてみましょう。

1．高年期をめぐる現状と課題

わが国は少子高齢化が進行し、具体的な数々の弊害が見られるようになりました。

（1）人口減社会、増える高齢者

国立社会保障・人口問題研究所推計によると日本の総人口は、二〇〇八年に一億二，八〇八人をピークに減少期に入り、このままだと二〇四八年には、人口も一億人を切り、二十二世紀には五千万人を割り込むといいます。こうした現状を、日本創生会議は、全国の半数にあたる八九六市町村で二十～三十九歳の女性が五割以上減少し、自治体が消滅する可能性を発表しました。高齢化については、福祉施策をはじめ地域活性化施策の充実を、急速に図る必要を提言しています。

（民間有識者会議・座長　増田寛也氏）

将来推計で見る高齢化

	2010 年	2060 年
総人口	1 億 2806 万人	8674 万人
65 歳以上	2948 万人 (総人口の 23%)	3464 万人 (39.9%)
15 ～ 64 歳	8,173 万人 (63.8%)	4,418 万人 (9.1%)
高齢者 (65 歳以上)1 人を何人の現役世代 (15 ～ 64 歳) で支えるか	2.8 人	1.3 人
夫婦が持つ子どもの数	2.07 人 (上同)	1.74 人 (上同)
合計特殊出生率	1.39 人	1.35 人

（総務省住民基本台帳に基づく人口・人口動態および世帯数、平成 20 年 3 月 31 日現在）

（2）少産多死時代、高齢社会の課題

創年と呼ばれる世代、六十五歳はまだ若者です

少子化と高齢化が同時に進行して、日本の総人口が減り続けています。合計特殊出生率（一人の女性が生涯に産む子どもの数を示すもの）も一・四一にとどまり、現在の人口維持に必要な二・〇七を下回っているのです。

わが国では、六十五歳以上の人口は三，〇七四万人で、総人口の二四％、四人に一人が六十五歳以上となっています（平成二十二年国政調査を基にした総務省の統計）。活動的で資金にも余裕が見える中高年が増える中、「六十五歳以上が高齢者」という概念は、もはや過去のものです。私たちはこの世代を「創年」と呼んでいます。現在、日本を元気にするのはシニア（創年）の世代と言えるでしょう。

かつて日銀レビューによると二〇一一年時点で、六十歳以上のシニア世代の個人消費シェアは四割強。若手層に比較して使える金が多いシニアは、旅行、趣味、投資などに上手に使うと報じたものでした。元気で若々しいシニア世代が人生を謳歌した形でした。その傾向はわずかながら続いているものの、今後の動向には不安も大きいものです。しかし、そのシニア時代を「創年」という前向きな捉え方をすれば、希望がわいてきます。百歳以上が六万五千人以上（平成十六年）という話題からすれば、六十五歳などまだ若者と言っても良いぐらいです。

孤独への挑戦

東京でも、六十五歳以上の高齢者がいる世帯のうち、一人暮らしが二割を超えているということがわかりました（二〇一五年調査）。人は誰でも老齢化します。体力や仲間や、家族や仕事や社会的な地位などを失っていきます。

機能喪失は避けられるわけではありません。人は不安や孤独に悩み、さびしくなっていくものです。私たちはさまざまな活動、日常生活の営みから孤独に挑戦する活動をする必要があります。そしてできれば生きがいを持つことが必要で、そのために創年活動が最も意義ある活動であると考えるのです。

身近な認知症も心配

高齢社会が進む一方で、認知症の心配も身近になってきました。認知症高齢者が、二〇二五年度には推計六七五万人と、**六十五歳以上の五人に一人**にまで増えるという予測があります。さらにアルツハイマー型認知症のリスクが高い糖尿病が増えると、認知症高齢者の比率（有病率）があがると言われています。二〇二五年には七三〇万人、二〇六〇年には一，一五四万人になるという推計です。①

そういえば、物忘れが激しくなった、人の名前が出てこない、などが気になり始めている人も、身のまわりに増えているようです。筆者なども同じ思いがしている一人です。こうした不安と孤独や自信喪失に、誰もが打ち勝ち、豊かな高年期を過ごすことを願っています。そのため、これまで長い人生で培った特技や趣味を、中高年期以降にさらに充実させて、広く地域や後輩のために生かそうという姿勢が、自分自身のためだけでなく社会的にも必要とされています。生き方によってはより豊かになり、創造的に生きられるのです。このように積極的に、豊かに生きようとする姿勢として、いま、「創年」の意識と生き方が必要とされ、提唱されているのです。

笑顔で地域を明るくする「地域の宝・創年」

社会的には、創年の大半は十分に社会生産に関与できる能力と意欲を持っています。これからの高齢者は福祉の対象としてだけでなく、夢のある社会建設の担い手であり、地域の人的な資源として重要なのです。むしろ「地域の宝」であると考え直す必要があります。いえ、もっといえば創年こそが、これからの地方創生時代の担い手といっても良いでしょう。そのためにも、創年は、あらためて、先達として人間として魅力を作り出していけるようにしなければなりません。たとえ、顔じゅうしわだらけでも、にこやかな笑顔は、青少年を魅了します。青少年を心から応援する姿勢や笑顔は、必ず子どもや若者たちに伝わると思います。

そういえば、永六輔さんが、「人生は人に迷惑をかけながら生きていくこと。これからの人生はそのお返しをしていくこと」という言葉を残していますが、まさに創年が、そのための生き方であるということもできるでしょう。

2. 創年の魅力

さまざまな課題に挑戦する立場として、「創年」はそのために最も効果的な役割を果たすものと期待されています。創年は、健康で、社会参加を前提とするだけに、創年の生き方こそ高齢社会の決め手といえるでしょう。

(1) 高齢化の課題を「創年」の生き方で前向きに

「創年」とは、積極的に生き、自分を再活性化させようとする前向きな生き方です。したがって創年期とは、年齢というより「自分を生かそう、自分を磨き再生させよう」と自覚し、人生のリセットを決意した時点ということになるわけです。創年は、四十代後半の団塊世代、高齢者を含める最も幅広い層のことです。

現代の六十歳ではまだまだ体力も気力も十分で、むしろ充実しているといえるかもしれません。まるで四十歳に近い体力や若さを誇る人も珍しくありません。そこから、実年齢から二〜三割引きの創年年齢が出てきたのです。かつては六十歳で定年、六十五歳程度で生涯を閉じた男たちも、今では八十歳以上生きる人がほとんどです。しかし、現在、定年後の約二十年間を悠々自適に豊かに生きるというのは幻想に過ぎないことがわかりました。

（２）増加する創年層は、社会的資産

「もう年なのだから何かしようと思ってもうまくいかないようで自信がないんだよ」「いまさら、出しゃばって若い人に笑われたくないしね」と、年齢が気になって外出することに消極的になる人、「主人がいつも家にいるようになったけど、毎日、家にいると憂鬱なのよね」などと、嘆く主婦たち。最近、こういう声をいつも身近に聞いているような気がします。

いずれも高年期を迎える家庭や地域で聞かれる言葉で、私も言われているようです。しかし創年は、そう簡単に引き下がりません。大いにでしゃばるほうが良いでしょう。真っ赤なセーターで出かけるほうに挑戦してみましょう。時には夫婦で、美術館もいいでしょう。楽しむことが健康にいいに決まっています。生き方によってはより豊かになり、創造的に生きられるのです。それが創年です。

「人生下り坂最高」と言うフレーズが、ＮＨＫ「こころ旅」で、火野正平さんが自転車旅でつぶやいている言葉ですが、納得してしまいます。下り坂を楽しむことができる場面もあるのですね。誰もが直面する孤独と不安と、自信喪失に打ち勝つために、持ち味を生かすことです。人は、これまで長い人生で培った特技や趣味を持っているものです。これらを中高年期以降にさらに充実させて、広く地域や後輩のために生かそうという姿勢が、自分自身のためだけでなく社会的にも必要でしょう。

創年の力は、新しい日本のために、青少年指導のために発揮されることが大切です。今日、日本人としての固有の純粋性、文化性が失われつつあることが喧伝されています。その担い手として創年の存在が大きくなってくることが期待されています。増加する創年層を、社会的資産として活用できれば、大きな資源を有していること

創年の特徴と問題点

特徴的な創年世代	世代の特徴	世代の問題点
40代後半からの女性	・子育てに手がかからなくなる ・高学歴で地域活動の体験は豊富 ・学習意欲が旺盛である ・生活のために働く体験が多い	・空の巣症候群の女性が多くなる ・社会的に何かをしたい要求が強い ・学習したいが機会がない人も多い ・生活のために働きたいという希望が強い
団塊世代	・1947年から49年生まれ ・2007年から定年を迎える階層 ・戦後の高度経済成長社会を支えた ・人口の約5％を占める団塊世代 ・学習に対して意欲があり能力も高い	・働く場を欲している ・企業戦士として会社に忠実に働いてきた ・地域活動にはほとんど参加しない ・コミュニティ活動にほとんど参加しない ・組織的な活動には高い関心を示す。
定年後の世代（60代の人々）	・仕事をしたいが見つからない ・現役時代の肩書きが必要と思う ・地域に居場所が見つからない ・地域に仲間が少ない ・情報社会についていけない人が多い ・地域活動の契機が見つからない	・地域の活動になじまない人が多い ・地域で能力を発揮する機会が少ない ・企業戦士として会社に忠実に働いてきた ・地域活動にはほとんど参加できない ・コミュニティに対して傍観的対応が多い ・引きこもりになる人が増えている
独居生活世代	・配偶者を失ってさびしい環境にある ・体力など弱くなり、疾病率が高い ・介護の対象になる人も増える ・女性の独居が多くなる ・周囲に気兼ねするが依頼心も多い	・地域から阻害されることがある ・健康生活、消費生活に問題が多い ・他世代との積極的な交流が必要である ・地域全体で見守る体制が必要である ・高齢者の歴史に詳しい人材として活用する

になります。そうすれば、地域にとっても高齢社会の課題の解決にもつながり、国家にとってもきわめて刺激に富む創年世代となることが期待されます。

（3）創年の各世代の特色

創年世代は中高年の全世代にわたります。特に「子育てが終わった女性たち」の世代から、いわゆる「団塊の世代」、「定年後の六十代半ば」の男性たち、「独居老人」と呼ばれる人たちなどを含む、およそ四つの層に際立った特徴がみられます。特徴は、欠点にもなりますが、創年の魅力として捉えたいと思います。

これらの創年には、「自らの人生を再活性化させようとする挑戦であり生きがいづくり」という共通の特徴がみられます。高齢社会に突入した現代においては、一人ひとりが「よりよく生きる方法」として、創年としていわゆる社会参加することが、最も効果的な取り組みではないかと思われます。右の表は、各世代の特徴や問題点を、一般的に指摘されている事柄でまとめたものです。グループ討議で、より明確に検討してみてください。

創年に共通の特色　長年の人生経験が宝

一般に高齢者の多数が、医療や介護の対象と思われているようです。八十五歳を過ぎると過半数が福祉・医療や介護の対象となりますが、六十五歳から八十歳の多くは、比較的、健康であるといわれています。これらの世代はこれまで、定年を迎え年金生活に入ると健康状態も悪くなり、「余生を送る」というイメージがありました。実際には元気で健康な人が大半であり、六十五歳以降の二十年はむしろ青年期にもならぶ健康で充実した人生の一時期ともいえるのです。それこそこの時期は、まさに創年期の中心的な時期として位置づけることができるでしょう。年齢幅の広い創年には、各世代の発達的なものもあり、創年として活動内容も方法も期待される内容も、わずかですが異なっています。

ただ創年には、次のような共通した特色もあります。

①　これまでの仕事で身につけた知識や技術は大きく、計り知れないものがある
②　長い人生の後半として生活の充実を求めている
③　高年期には体力や気力など身体機能の衰えとともに、家族や友人が減少する
④　社会的に地位や役割を失うことが多くなる
⑤　さらに後半には、介護や、生活に保護を必要とする福祉の対象になりがちである
⑥　コミュニティリーダーとしての役割が期待される

創年は、これらを今後の人生に生かして、社会に貢献するという点が、最大の特色となっています。しかし現状では、その創年の能力を生かす仕掛けが、社会的に十分ではないようです。その活動の場への参加も、ほんの一部にしか築かれていないのです。

しかし、行政が、市民の活動を支援するように、個々の創年に活動の場を用意するには、限界があります。したがって、市民の立場から主体的に活動することが今後の高齢社会における、わが国のあり方にも影響するものと思われるのです。②

(4) 子育てに手がかからなくなった女性たち

女性は、男性に比して平均七年間長寿であることから、結果的に独居生活を余儀されることが多くなります。寂しさと喪失感に悩まされながら生き抜くためには、自ら生きがいづくりに努力するしかありません。認知症防止などの健康に留意しつつ、周囲とのいい関係を築く努力が求められます。

四十代半ばから創年

子育てに手がかからなくなるころから、女性たちは人生のリセットを考えます。新しい自分探しを考え、ある人は仕事を始めます。彼女たちは地域社会での活動にも参加した経験を、今後、生かそうとする人も少なくありません。彼女たちは、まだ十分に若く、高学歴者も多く、高校、大学生時代には、ミニスカートを始め流行をリードした層でもあります。さらに海外旅行などさまざまな活動経験もある。結婚後、彼女たちは、地域では、ＰＴ

Aをはじめ、絵本の会、読み聞かせの会、エステや旅行、カルチャーセンターや公民館講座などと結構忙しく、活動の中心になっていたのです。

このように過去の経験も豊富であり、これにさまざまな社会資源を結びつける能力を体得すれば、地域社会でますます大きな力を発揮することも期待されるのです。また、女性の職場進出は、わが国の将来を決める重要な課題と言われています。全国的に成果をあげている市民活動には圧倒的に女性が多いのは周知の通りです。女性の活躍は、政府の重点施策の一つとなっており今後も大きい期待がかかっています。

子育てが終わると

やがて、子どもたちが高校、大学などを卒業し、就職など親元から去る年代になると、「時間の限界」を感じてしまいます。一方では、「空の巣症候群」と呼ばれる五十代前後に見られる集団も現れてきます。このいわゆる「第三期の女性」たちは、女性の大半を占めています。これまでの生きがいの対象が去って心身の活気を失う人が多くなるのです。夫婦二人きりの長い生活に入ると、多くの女性は定年後の男性を抱えて、気がつけば共通の話題もなく空虚な生活を強いられている例もあります。

こうしたときに、女性は新しい自分づくりに目覚める人が多くなります。長い間の子育てから解放される時期でもあるわけです。しかし、少子化の現代では、比較的若く子育てが終わるので、当然のこととして本格的に仕事をしたいと考える人も多くなるようです。各種調査によると、約五〇％は、六十五歳までは働きたいと考えているようです。

夫の「定年」も、実感がわかないものの確実にその日は近づいてきます。もちろん団塊の世代もこの時期に含まれています。この時期の創年女性の多くは、家計の足しや子どもの教育費・塾代など身近な生活資金を得るために、もっぱらパート等の仕事をするなど、いわゆる社会的にも一生懸命に働いてきた人が少なくありません。

（5）団塊世代は働く場を欲している

人口の約五％を占める団塊世代

一九四七年から四九年に生まれ、二〇〇七年から定年を迎えた階層が、いわゆる「団塊世代」です。人口の約五％を占める団塊世代、わが国の、戦後の高度経済成長社会を生きて、その後の日本社会の発展を支えてきました。団塊世代のこの時期は、まだ体力も十分で、気力もあり、できれば仕事を続けたいという気持ちが強く、多くの調査でも、約五〇％は、六十五歳までは働きたいと考えているといわれていました。団塊退職金を目指して団塊マーケットに視線が集まった時期もありました。消費のけん引者のように言われていましたが、実際は五年先を見通すのが精いっぱいの予測でした。③

学習に対しては意欲もあり、能力も高い

かつての六十歳代は、年齢的にも社会的にも高齢者として扱われ、心ならずも老人クラブや高齢者学級・教室の対象となっていました。もちろん現実には、自らを高齢者と思っている人はほとんどいないはずです。現代の六十歳代は、最も実力のある世代であり、とても老人などと思えません。東大和市が「六十代を高齢者と呼ばない宣言」をしましたが、おそらく全国的には「いまさら」と思っている自治体が多いのではないでしょうか。

(6) 高年期　七十代以上の人びと

定年後には友活も

定年後、しばらくリタイヤした後に、新しい人間関係の中で活動を続けるのは、それなりに勇気のいることです。退職後、元同僚とのOB会やゴルフ会があるからと、新たな友人づくりには消極的な人も少なくありません。健康の話題と友人の消息の確認などの話題だけでは、たちまち会話にも限界ができます。多様な遊びの側面も必要なのです。仕事をやめると、手帳に書く予定が何もなくなり、自分の心に隙間ができたような気がするものです。「忙しい」が口癖だったのですから。

高年期の課題　面白くない顔

退職男性は心によろいをまとった状態で、多くは友人づくりに熟練していないようです。それだけに、「創年」としての活動は、早い時期から始めることが大切です。「高年期」は、仕事だけでなく体力に自信を失う時でもあります。次第に社会的な役割も減り、社会的に活躍する場もなくなり、地域に出かける機会も減り、すべてに自信と気力がなえてしまいます。最近、気づいたことですが、高年期の男たちは面白くない顔をした人が多すぎるという気がします。長い生活を支えてきた疲れが出ているのでしょう。どういう顔をすればよいかと言われても答えがありませんが、面白くない顔に見られているというだけの話。肩の力を抜けばいいのかも知れません。

さらに怒りっぽくなっている高年期の男性も目立ちます。電車内で、平気で化粧している女性、人目もはばからず抱き合っている若い男女、スマホに夢中で街中を歩く若者、隣国中国の非常識ぶりなどなど、つい怒りたくなることが日常的に多すぎます。世の未来を憂い、怒るのは健全ですが、よっぱらいでもなく大声で駅員に怒りをぶっつける高年期の男性。あまり感心しない場面です。これは、怒りを抑える一種のホルモンの欠乏、老化現象といいます。抑えるのも創年の努力ということになりそうです。

独居老人と呼ばれる時代の創年

高年期、後期では、ある人は体力を失い、配偶者を失う場合もあります。誰もが直面する現実なのです。だからこそ、今の生活を精一杯生きがいのあるものにしたいものです。夢を失うとき、いわゆる老人になってしまうといいます。老人は年齢の話ではないのです。

大半の人は、社会的な集団から離れてしまうことになります。やはり、地域において何かの活動をすること、地域社会と周囲、他世代と関わることが必要です。自宅にひきこもることなく、散歩するだけでも良いといわれています。子供たちに声を掛けるだけでもよいでしょう。一つは自分のため生きがいづくりにつながるからです。

◇社会の構造「創年標準」に

若ければいいという風潮が政治にも波及しているようです。総合的にみて、若い人々が進出することは大賛成です。社会の活力からすれば、それでも若い世代がもっと活躍してほしいと願っているぐらいです。しかし、テレビの番組などを見ると圧倒的に若い人が出演し、高年期の人々が軽視されているように思えます。高年期、創年の僻みでしょうか。きわめて重要なことですが、社会の構造を創年標準にして、創年の出番をもっと大幅に増やす必要があります。ただ、年齢が高いというだけで引退という仕組みはそろそろ再考する必要があります。今後日本人の六割以上は創年といっても良いのですから。

3. 創年は何をすればよいのか

(1) 健康寿命を延ばす

健康寿命を平均寿命に近づける

健康寿命とは、健康上の問題で日常生活が制限されずに、家族などの手を借りずに生活できる年数のことです。わが国では、二〇一三年時点では男性七一・一歳、女性が七五・五歳で、いずれも世界最高水準にあり伸び続けています。ただ、平均寿命（二〇一四年調べ・男性八〇・五〇歳、女性八六・八三歳）と比較しても、いずれも十歳前後の開きがあることが課題となっています。健康寿命を延ばすには、現役時代からの生活習慣病の予防を心がけることや、高齢者の活躍の場を広げることが重要とされています。そのために、創年を意識して仕事や地域活動で社会貢献することは、生きがいにつながると同時に、介護予防に役立つといえるでしょう。

PPKの生き方

PPKという言葉を耳にしたことがあるでしょう。「ピン、ピン、コロリ」という生き方、死に方のことです。健康寿命は、男性であれば、七十一歳が寿命と言うことです。七十一歳になれば、体のどこかに故障が出ていて、医者の世話になっている状態です。寿命との差があれば、病気の期間が長くなり、周囲は介護に苦労するということになります。つまり死ぬ間際まで元気で、病床に長く就かずに逝ってしまおうというわけです。つまり健康寿命と平均寿命の差をできるだけ短くするために、いつまでも健康である努力をすることが、何よりも優先されます。そのためには、健康であるように日ごろから節制をすると同時に、体を鍛えるということも必要です。

若返りが進む高齢者

平均寿命が延びたことなどの要因もありますが、現代人は昔から比べるとかなり若返っていると言われます。若い頃、六十代の人を見て老人と感じていましたが、その年代になってみると、まだまだ老人と呼ぶには早すぎると誰もが感じていることでしょう。実際に、日本老年学会が、六十五歳以上の身体・知的機能、健康状態について分析結果を発表したところによりますと、十〜二十年前に比較して、十歳の若返りが見られると言います（下表）。

「創年年齢は七掛け」のキャッチフレーズは、この調査でも実証されています。まだまだ勇気を持ってさまざまな事柄に挑戦してみてもよさそうです。

若返りが進む高齢者
高齢者〜 10 歳若返り　（10 〜 20 年前と比較）

身体	歩行速度は男女とも 11 歳若返る 握力は男性の 4 歳に対し、女性は 10 歳と若返りが大幅に進む
知力 (知能検査)	60 歳代が大きく伸び、40、50 歳代に近づく 70 歳代は、10 年前の 60 歳代並に
病気	心筋梗塞や脳卒中になる割合が大きく低下 死亡率も下がり 10 年前の5〜 10 歳若い人と同レベルに

体力づくりにトライ　一万歩運動で一人当たり年間医療費が減った

一万歩運動で一人当たり年間医療費が減ったという記事が目に入りました。埼玉県東松山市は、県の健康長寿プロジェクトの一環として、中高年を対象とした「毎日一万歩運動」に取組んでいます。市が歩数計を貸与し、参加者は歩数を記録しています。このうち、平均六十七歳で一人当たり年間医療費は、同じ世代に比べて五万七，九一八円少なかったという結果がありました。④

毎日一万歩というのは、かなり厳しいですが、体力づくりの観点からは、運動としては適切なのでしょう。筆者が提唱するのは、「二時間六千歩」の旅で、少々怠けているようなものですが、このうち一時間は遊び時間ですから、無理はないので共感者も増えています。いずれにしても歩くことが基本になるということです。

誰でも参加できる「ゆるスポーツ」

年齢や障がいの有無に関係なく、誰でも楽しめるニュースポーツが、増えているようです。早くから運動する習慣をつけることによって、これからの介護費用の軽減に効果がありそうです。新型スポーツが進むと、健康寿命の延伸の一助になることが期待できそうです。日常的な運動は、脳梗塞や心筋梗塞など脳心血管病のリスクを下げると言われています。

(2) 創年のおしゃれ

健康長寿社会実現にむけて

高齢になっても介護を必要とせず、自立して生活可能な期間をできるだけ伸ばすことが現代の課題となっています。厚生労働省の「厚生労働白書」(二〇一四年)では、「健康長寿社会実現にむけて」と題して、「健康寿命の延伸」をテーマに掲げています。一億総活躍プランの中では、「健康寿命の延伸」と介護負担の軽減、支え手と受け手側に分かれず、あらゆる住民が支えあいながら活躍できる地域を育成する、としています。

創年のおしゃれ・美の気配り

「休みの日でも、お化粧するとそれなりの気合が入るのですよ」知人の語った言葉。そうなのですね。創年運動を提起しながら、忘れていたことがありました。それは、いくつになっても、きれいでいたいという女性たちのことです。女性たちも、年を重ねると、いつの間にか、おしゃれを控えめにしてしまう傾向があるようです。高年期になって、ファッションの提案が受けられる機会が少ない、と、ある美容家が語っていました。美容サロンでも、年寄り扱いされることもあって、思い切っておしゃれに挑戦しづらいのだそうです。ヘアメイクやファッションは、女性の心を明るくすると言います。創年の課題の一つ、それは、おしゃれと美に対する気配りをもっと大切にしたいということです。そういえば、色あせた、破れかけのうす汚いようなジーンズを着た中年男性、あれはファッションだったのですね。

（3）生涯学習の楽しみ

自ら創年を自覚し三割若返ります。老いません！

全国各地に活躍する創年の活動は、きわめて多彩です。子どもと共同で地域の歴史を研究している人、地域に子どもの遊び場を作った人、自宅に小さな作品展示場を作った人など、さまざまな活動がみられます。他世代との交流や、地域でのボランティア活動などの活動を楽しみたいものです。そのためにはまず、各人が「創年であること」を自覚することです。そして体に合わせて積極的に活動することです。創年年齢は七掛けです。六十歳の人は、創年年齢は四十二歳というわけです。実際活動している人は、そのように見えるから不思議です。自らを若返らせる「創年」を宣言してみましょう。新しい自分に挑戦する人、あるいは子育てが終わって自分づくりに目ざめた女性たちが、仲間を募って話し合う機会をつくることもあります。年齢も三割若くなり（七十歳以上は八割ぐらいでいいでしょう）、創年を自覚することによって、地域のため、まちのため、後輩たちのために自らを活かそうという力がわいてくると思います。

生涯学習のすすめ

創年はまず、自己を高める努力をしたいものです。自己の趣味の学習を始め、地域の各種の学習活動に参加するなど、生涯学習をすすめます。「生涯学習？ それは一生涯勉強することでしょう」という人が少なくありません。それも間違いではありませんが、そればかりではありません。生涯学習は次のように理解されています。⑥

ア　生涯学習は、生活の向上、職業上の能力の向上や、自己の充実をめざし、各人が自発的意志に基づいて行うことを基本とするものであること。

イ　生涯学習は、必要に応じ、可能なかぎり自己に適した手段および方法を自ら選びながら生涯を通じて行うものであること。

ウ　生涯学習は、学校や社会の中で意図的、組織的な活動として行われるだけでなく、人々のスポーツ活動、文化活動、趣味、レクリエーション活動、ボランティア活動等、市民生活のすべての領域の中でも行われるものであること。

と、提言されています。

「**少にして学べば、すなわち壮にして為すことあり。壮にして学べば、すなわち老いて衰えず。老いて学べば、すなわち死して朽ちず**」（少年時代に学んでおけば、壮年になってそれが生き、何事かを成就できる。壮年期に学んでおけば、老人になってからも気力は衰えない。老年期になってなお学び続けることができれば、世の中の役に立ち死後もその名は残る）。「言志晩録」で佐藤一斎が述べていることばです。永遠の「若さ、知力、意欲」を維持する秘訣が述べられています。いわば生涯学習を示唆しているのです。

◇創年の名人

筆者の友人、弘中清一郎さん。高名な制御工学の科学者です。東京工業大学を退官されても、なお現場的な研究指導で多忙な生活なのですが、仕事とは別に熱中していることがあります。若い頃からの熱狂的な巨人ファンなのです。東京ドームで行なわれるすべての試合を六年連続観戦している人です。巨人軍の選手より出席率が高いことになります。いつも同じ場所で同じスタイルで観戦されますが、これはこれですばらしいことです。連敗の日は帰りたくなりますが、それでも我慢して最後まで観戦。自分に挑戦しているのだそうです。何か一つといっても、これはもう全国的といってもいいような実績。趣味とはいえ尊敬に値する活動だと思います。

神奈川歯科大学の歯科学博士、大田順子さんは、六十代後半から大学院で学び、博士課程を経て歯学博士になりました。自らは、横須賀市の女子学園理事長と会社社長でありながら挑戦を続けています。その姿勢は、まさに生涯学習のモデルとも呼べる人でしょう。そしてまだ次の夢を追いかける毎日です。

人の学び遊ぶ姿勢には、常に若さと行動力の魅力があります。二人には、常に前を向く力強さがあります。創年がぴったりの生き方といえるでしょう。

何事も再チャレンジ　やり直しのきく社会

創年時代にやるべき事柄は、何事も再チャレンジすることです。人は、仕事のこと、家族のこと、結婚のこと、子どもの育児やしつけの問題、老いた親の問題、自分の年金や健康、生活の問題など、これらの悩みを引きずりながら生活を続けています。また誰でも、よりよい人生、生活を求めて、自らを高める努力をするのです。老け込むことは早い。可能なことは、まず、自分をよりよくすることを目指すことです。

そのためには、学ぶこと、学びなおすことも必要ですし、それがまた楽しみにもなるのです。学び方はいろいろですが、自分に合う方法を自分で選べばよいのです。

もし、少し元気が出て、何かに出てみようとか、何かの役に立てればと思ったとき、意思表示をしましょう（この部分はかなり勇気が必要ですが）。

まちづくり団体・グループに加入する

創年が自己を高めるために、まちづくり団体・グループに加入することも効果的です。活性化したまちには、各種の団体サークルが数多く存在し、活発な活動を展開しているものです。いわば、まちづくりの中心にこうした活発な団体が、いかに数多く存在するかが、地域活性化のバロメーターになっているといえるでしょう。

ＰＴＡや地域婦人団体、商工会、グループサークル、合唱団や劇団、ダンスサークル、写真愛好会、各種ボランティア団体、スポーツクラブなどは、独自の目標を持っています。それらが充実しているということは、その目標を達成しつつあるということです。団体活動は、学習方法として効果があります（方法的価値）。また仲間と会うことで気が晴れることもあります（治療的価値）。青少年の人間形成に教育的な効果が高いといわれるものです。

創年の後期には孤立しやすくなるもので、何らかの集団に所属して、仲間と活動することを、勧めたいものです。

◇東京楠声会男声合唱団

東京銀座。ブロッサムホールでの東京楠声会男声合唱団定期演奏会。約六十名。平均年齢も六十を超える人ばかり。「祈り」というテーマで日本の叙情歌男声合唱曲「月下の一群~人間愛」「七高寮歌」「映画音楽愛の祈り」など、約二時間の演奏に満員のホールを埋めた人々を魅了しました。旧制の第七高等学校（現鹿児島大学）からつながる男声合唱団のOB合唱団で、本場九州でも屈指の合唱団です。髪が薄く光っている人三十名、白髪十名など数えてみました。ハリのある美声、圧倒する声量、迫力。鹿児島から駆け付けたメンバーの合唱への情熱、幸せ感も伝わってきます。様々な役職、経歴を問わず参集する男集団ですが、楽しくてしかたがないという感じでした。高い音楽性を求めて純粋に三十年以上合唱を楽しむ仲間たちをうらやましく思うことでした。趣味、芸術を追求する創年の姿がありました。

合唱を通して、健康で、若々しく合唱会をリードする仲間たちに心から喝采を送りたいと思います。

（4）年金プラスα　経験や学習成果を生かす

成人の学習成果はあまり生かされていない、というのが多くの関係者の一致した意見です。公民館で学んで、資格をとったとか就職に役立ったという話はあまり聞きません。

平成十一年六月には、文部省の生涯学習審議会から「学習成果を幅広く生かす」（生涯学習審議会答申十一年六月）が答申されました。それによると、これからは、生涯学習の成果について積極的に生かす努力をすることを提唱しています。幅広く生かすために具体的には、「ボランティアに生かす」「キャリアに生かす」「地域の発展に生かす」の三つの場が効果的であると提言しています。⑤

「学習成果を生かしたボランティア」に活かす

複雑多岐にわたるさまざまな課題解決のため、行政に頼ることには限界があります。柔軟に国民一人ひとりが自己責任と信頼を基調とする、自覚・自立した意識に基づいてボランティア活動に積極的に関わっていくことが求められています。実践が生きる場を社会全体で創ることが、非常に重要です。

マズローの欲求の五段階説

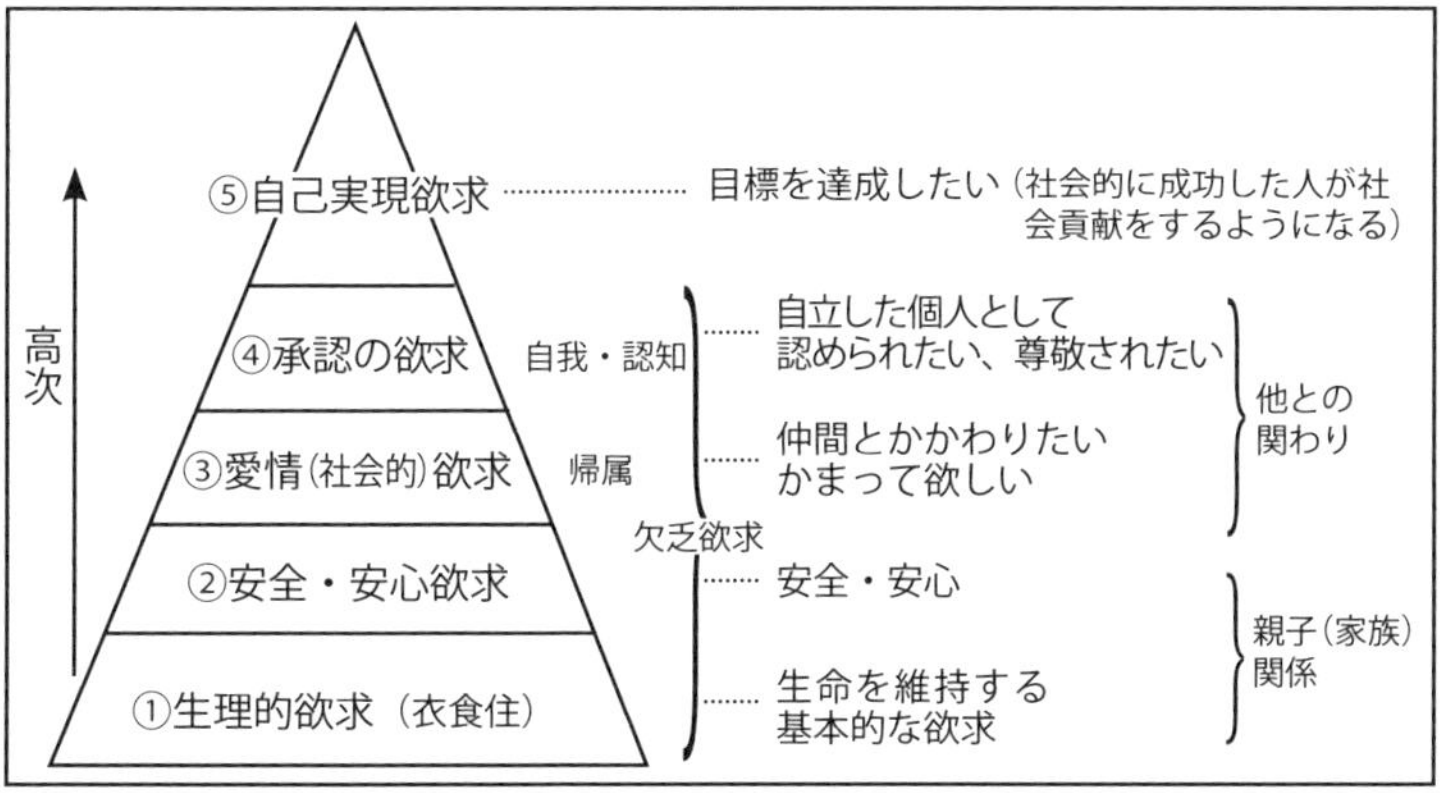

生きていくうえで安全であることから、自己実現欲求が満たされることまで

心理学者マズロー（A.H.Maslow）によると、人間の欲求には、「生理的欲求」、「安全・安心の欲求」、「所属と愛情の欲求」、「承認の欲求」、「自己実現の欲求」の五段階があるといわれています。人が、最初にまず望むことは、生きていくことが先決であるということです。そして究極的には「自己実現の欲求」であり、「いきがい」ということです。

いまや、人の欲求は、生きがいを持ち、自己実現の欲求に高まるといわれています。中でも創年の自己実現意識は高く、自己を社会のために生かすことを望んでいると言えそうです。しかし、東日本大震災の現場では、これまでのまちづくりの考え方を根底から覆すことになりました。自己実現どころではない「安全・安心の欲求」が、もっとも重要に作用したのでした。マズローの「欲求の五段階」はあまりにも有名ですが、一度、仲間と、家族と、職場で検討してみるといいのではないでしょうか。

超高齢化社会において、加齢による病気や障がいがあることで、「生活の質」や「生き方の質」（ＱＯＬ：Quality of Life）を低下させることなく、向上させ、自立と社会参加を促すとともに、生きる喜びにつなげていくことが求められています。

儲けるための生涯学習

生涯学習の目的である「生活の向上のための生涯学習」には幅広いものがあり、職業上の能力の向上や生活の質を高めるための学習、生きるための学習のことを指しています。例えば、商店にとっては、いかに客を多く呼ぶか、が最大の課題であり目標です。そのために何を仕入れ、どのような値段をつけるか、どのようなサービスをするか、その結果、どれだけの収益をあげられるか、シャッター通りにならないように工夫すること、それも生涯学習です。したがって商店主にとっては、儲けるために工夫し研究すること、それは、すぐれて生涯学習そのものであるということです。

地域の活性化・まちづくりに生かす　地方創生のカギ

東日本と熊本の大震災では壊滅的な被害を受けましたが、どっこい「コミュニティ」は健在でした。東北の各地は、地震や津波、冷害や飢饉を、歴史的に幾たびも繰り返してきました。それでも常に新たに村を起こし、さまざまな縁によって結ばれたコミュニティを再興してきたのです。被災地は復興といっても、元に戻ることではなく、新たに創りなおすことでしょう。

地域社会は、都市化と過疎化の進行、地域コミュニティ機能の衰退などさまざまな課題を抱えています。空き家、空き店舗の増加、高齢化と健康の心配、買い物難民の課題など、かつて想像もしなかった問題が続出してきました。このため、地方公共団体にあっては、地域住民の活性化や、特色・活力のある生き生きとした地域づくりが求められているのです。そのほかにゴミ処理、介護・福祉、自然環境の保全、等のさまざまな現代的な課題は、住民自らが学習し、理解し主体的に関わろうとするときに初めて、最も効果的な対処が可能となります。いわゆる生涯学習の役割が大きくなっているのです。

創年は地域活力エネルギー資源

繰り返しますが、創年期に自己の力が社会的に有効に活用できるということになれば、自分にとっても地域にとっても、その元気づくり、活性化に大きく貢献することになるでしょう。創年の力は新しい日本のために、まちづくりや青少年指導のために発揮されることが必要です。今日、日本人としての固有の純粋性、文化性が失われつつあることが懸念されています。そしていま、その担い手として創年の存在が大きくなってきました。

また、地域を知り、地域に愛着をもつ創年が、後述する観光立国のなかで活躍することが、当然のこととして期待されています。創年はいまや期待の社会的資源として、豊富に存在する地域活力エネルギー資源でもあり、地方創生のカギを握っていると言えるでしょう。

自分の能力を地域に生かす意思表示を

過去の経験を糧にした能力が、地域に埋もれてしまうのはもったいないものです。その能力を生かすため、自分が地域に役立つために意思表示をしておくことも必要です。意思表示には、まちの人材を登録する「人材バンク」、「ボランティアビューロー」制度を活用します。これにまず登録してみることも、その一つです。一般的なボランティアなどは、採用される機会が得られるかもしれません。

学習成果をキャリアに生かす・年金プラス五万円

少子高齢社会が急速に進展するわが国においては、高齢者が職業に就き、生産活動に従事し、社会に関わることが、社会にとっても欠かせないこととなっています。わが国は、もともと、高齢者自身の働く意欲が高く、世界でも就業率は高いといわれています。仕事をしたい人のために多くの自治体では、臨時的、短期的な仕事を委託する「シルバー人材センター」等が設立されているのです。

創年が、自らの身に着けてきた学習成果は、新しい仕事づくりに活かされるのが希望です。新しい創年時代を生きるには、年金だけでは生きにくい時代になりつつあります。だからこそ「年金プラス五万円」をめざす合言葉が、多くの創年にとって合言葉になりつつあるのでしょう。生きがいを持ってボランティアに参加することもいいですが、できればわずかでも収入があればもっと楽しくなれるはず、と誰もが思うでしょう。わずかなおこづかいで、孫に土産も買ってあげたいと思うでしょう。そこでわずかでも収入のある方法を考えようとするのが、「年金プラスα」なのです。もっといえば「年金プラス五万円」にしたいものです。そのためには、コミュニティビジネスへの挑戦があります。さらにみずから新しい資格等を取得して仕事をする場合があります。

（5）自分を生かすさまざまな活動の場

学習成果を生かす三つの活動は、「ボランティア」「まちづくり」「キャリアに生かす」ですが、共通することは、自己を地域に生かすということです。

ボランティアへの参加　自分にできることをしよう

学習成果を生かすということは、ボランティア活動に参加するということでもあります。ボランティア活動は、志さえあれば誰でもできるものです。しかし実際に活動に当っては、活動に関わる分野の知識や技術の習得のために学習を必要とするものがあります。ボランティアを志向する社会を築くためには、人々のあらゆる場における学習活動が振興されることが必要です。その意味で生涯学習の振興と深くかかわりがあります。

二〇二〇年のオリンピック・パラリンピックだけでなく、わが国はかつてない観光立国が意識されることになりました。訪日観光客が四千万人という数字も、夢ではなくなっており、いわば日本中がにぎわう状況も考えられるのです。この時期、各県がなんらかの招致運動に全力を尽くします。当然オリンピックを境に、史上最高に美しい日本を演出するでしょう。日本のおもてなしを中心に、花いっぱい、安心安全の実現、観光案内人、環境美化ボランティア、あらゆる分野で、オリンピックの会場での直接のボランティアだけでなく、あらゆる場面での日本への関わり方があります。子どもに日本人の振る舞いを教えることもあるでしょう、四季の美しい演出など、創年が全国的に協力することは多いのです。

地域に関心をもとう

創年が出来ることの一つに「青少年に文化を伝える」という使命もあります。地域の歴史、伝統的なまつり、しきたり、文化遺産など、これまでの人生で体験し、伝えられてきたものを数多く身につけています。これらの伝統を正しく伝えることが、創年の使命といっても良いでしょう。そのためにも、地域に関心を持ち、地域の伝統文化を研究するとともに、趣味を広げ、生きがいを広げることが必要でしょう。これは未来を考える基礎になるものと思われます。

地域の活性化・まちづくり

わが国では、長い間終身雇用制が続いてきました。そのため、生活のあらゆる側面が職場中心になってきた傾向があります。それらがすべてなくなり、地域に帰った場合、その寂しさは容易に想像できるものです。地域に関わってこなかった分、その疎外感は大きいかもしれません。そうならないためには、まず、なによりも住んでいる地域に関心を持つことです。地域に育ち、あるいはこの中で生活した人にとっては、人一倍、地域に愛着があるものです。昔のまちを懐かしむのもいいでしょう。たとえば三十年前のまちの風景や山川の風景を見出すことも楽しいでしょう。それが新しい活動に発展することにつながるはずです。

東京出身者は「郷里」と呼べる場所が「ない」と四割の人が答えているそうです。ふるさとが失われつつある状況を表しているように思われます。創年はもちろんのこと、青少年もふるさとと呼べる地域を、持つように指導することが必要です。⑥

ふるさとの風習や伝統を学ぼう

スコーレ家庭教育振興協会は、会員二万人を擁する全国規模の、家庭教育に関する成人の学習団体です。平成二十八年から、このスコーレ家庭教育振興協会と全国生涯学習まちづくり協会は、「ふるさと歳時語り部養成講座」を全国的に開設することとして、一部をスタートさせました。

地域に残る歳時などについては、消えつつあるものもあります。あるいは親が、子どもに伝えられなくなっているものもあります。例えば「節句」や「お盆」など、ふるさとの歳時の意味を正確に子どもに親は伝えられなくなっています。そうした日本人の生活に根づくふるさとの歳時を、高齢者が元気なうちに学び、まとめようというものです。そうした学習を通じてふるさとの良さを見直すことで、大人の絆が深まり、地域文化を掘り起こす成果が期待できます。これは創年が、最も得意とする分野ではないかと思います。その活躍が楽しみです。

創年。子どもに関心を持ち、指導する活動　伝えるしつけ

創年として地域の子どもの今を知り、子どもの未来を考えることも、大事な役割であり責任です。特に、子どもたちの健全育成に関わることは重要な役割です。子どもたちは、家庭や学校だけでなく、地域でも直接体験を通じて多くのことを学びます。とくに、地域では、大人との関わりから多くのことを学ぶのです。そのためにも、創年には自らを再活性化させるとともに、子どもたちに関心を持ち、子どもの特性を深く理解し、できれば導くことが求められます。

イクジイという言葉が定着しつつありますが、子育てに創年が関わることは当然で、中でも日本人の持つ根源的な伝統が伝えられることが必要です。そのためにも創年の出番が期待されるのでしょう。

観光立国の担い手になる

わが国は、平成十八年、観光立国を宣言しました。もてなしが日本の最も優れた観光資源ですが、その決め手として、今後、創年の力が大いに発揮されることが期待されます。

平成二十三年三月の東日本大震災、平成二十八年五月に突如襲った熊本・大分大地震でも、ふるさとの風景を変えるほどの大被害をもたらしました。被災地の豊かで美しい海岸線や、田園風景やまちなみを蘇らせるために、復興にかけた人々の活動の歴史は、いつの日にか、活動の内容（ソフト）がもう一つの観光の目玉になると思います。創年は、戦後の復興と大震災の復興に関わることになり、まさにその体験を生かすことが求められるのではないでしょうか。

世話にならない努力　自分のことは自分で

創年は元気であることが最低の資格です。自らを育て、前向きに生きることが創年の意味です。そのためには、何よりも健康で、前向きでなければなりません。今、体に異常があっても、心が創年であればいいのです。自分の体力に合わせて創年を主張すればいいし、楽しめばいいのです。お世話好きは、生まれつき。多少のやせ我慢をしながらも、周囲のために一肌脱ごうか、という寅さん風人間でよいのです。少なくとも、人の世話にならない（なるかも知れないし、その可能性は大きいですが）と決めて、自分のことは自分でできる努力をすることが必要です。

スローライフの創年も

平均寿命八十歳の場合、七十万八百時間あり、四十年働く場合、そのうち労働時間七万時間、残り六十三万時間は自由時間ということになります。スローライフとは、今後は、この六十三万時間を「ゆっくり、ゆったり、豊かな心で」スローライフで暮らし、安心と幸せを得たいという考えです。全国初の生涯学習都市宣言のまち・掛川市の例では、スローライフシティ宣言をしました。その内容は次のとおりです。

スローライフシティ宣言

1 スローペース（歩）歩行文化で、健康増進し、交通事故をなくします
2 スローウエア（衣）伝統織物、葛布、染物、和服、浴衣など大事にします
3 スローフード（食）和食や茶道など食文化と地域の安心な食材を楽しみます
4 スローハウス（住）百年以上もつ木造住宅を尊び、自然環境を守ります
5 スローエイジング（生）美しく加齢し一世紀一週間人生の終生自立を目指します
6 スローインダストリー（農）農林業で森林を大切に、手間暇かけて循環型農業を営み、市民農園やグリーンツーリズムを普及します
7 スローエデュケーション（学）学歴社会をやめ、一生涯、芸術文化や趣味・スポーツに親しみ、子どもにあたたかく声かけする社会をつくります
8 スローライフ（七つの総合）上記の1から7の共通理念により、ものを長持ちさせ、省資源、省エネで、自然や四季とともに暮らします

創年の活動と重なる部分が多く、ゆったりと生活の充実を目指す姿が見えてきそうです。

もう一つ、ゆとりの生活で、今「LOHAS」も注目されています。LOHASは、「個人におけるライフスタイルの価値観」として理解されています。アメリカの社会学者ポール・レイの調査から生まれ、一九九六年ごろから広がってきたと言われています。

ロハス（Lifestyles of Health and sustainability）とは、「心と体の健康」「地球環境と持続可能な社会」と略されています。ロハスが定義するマーケットやサービス（暮らしのなかで意識する）の五項目は次の通りです。

1　持続可能な経済　　（例）代替エネルギー
2　健康的なライフスタイル　　自然食品
3　代替医療　　免疫力を高めたり体質を改善する
4　自己成長　　自己を最高に高める生涯学習
5　環境配慮のライフスタイル　　環境配慮住宅など

創年は、頑張れ、頑張れだけでもありません。自分の生活に合わせて自己を活かす努力でもいいのです。スローライフの中で、改めて地域を考えることも重要で、これもまた創年の活動としては、ふさわしいものではないかと思われます。

参考文献等

①厚生労働省研究班
②資料・総務省「国勢調査」（二〇〇五）、厚生労働省「患者調査」を元に『東京大学政策ビジョン研究センターが作成した資料による　平成二十一年四月十七日　日本経済新聞経済教室　森田朗論文が参考になる
③平成十八年十一月十七日　読売新聞
④平成二十八年七月八日　読売新聞
⑤中央教育審議会答申「生涯学習の基盤整備について」（平成二年）
⑥平成二十六年五月三日　日本経済新聞

II部　創年運動をすすめよう

◇創年運動の構造◇

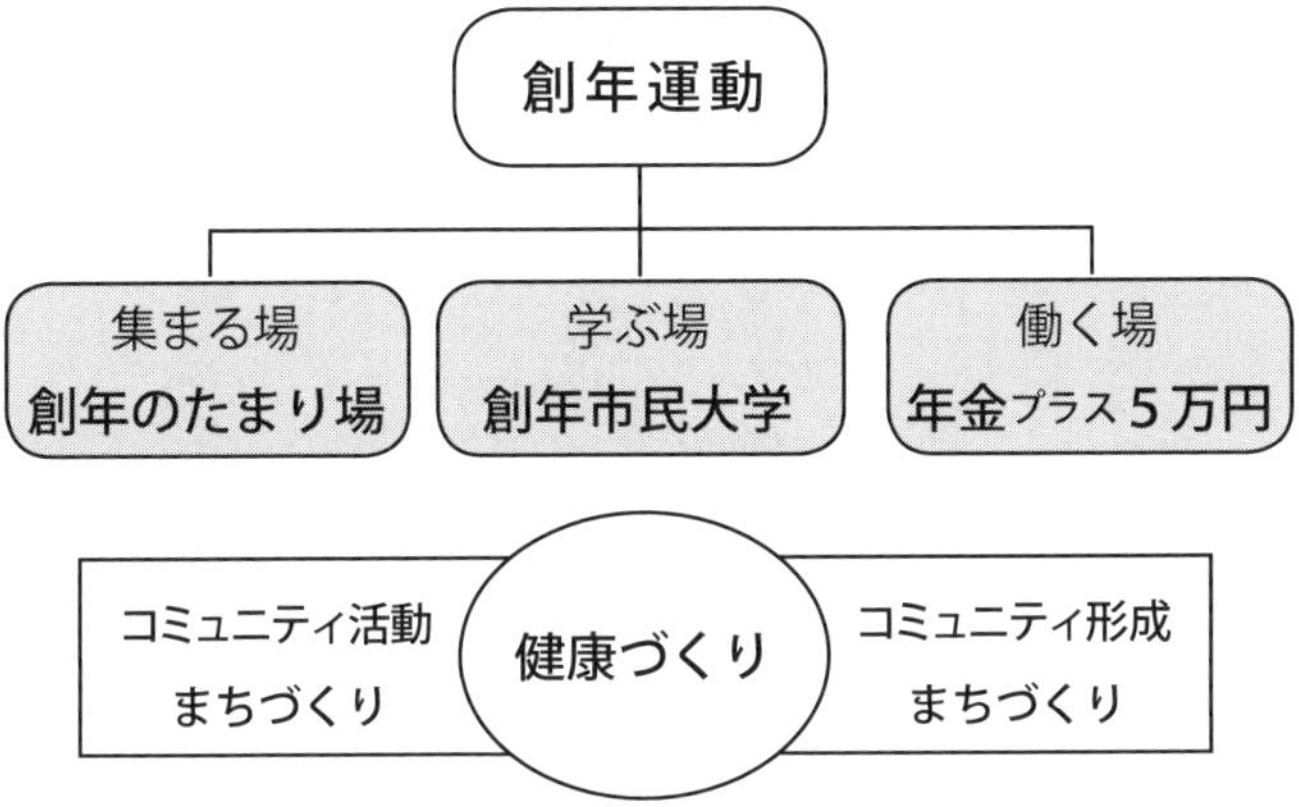

創年運動とは

学ぶ場、集まる場、仕事づくり、まちづくりへの参画などの活動を、一体的、総合的に進めようとすることが創年運動です。

---

1. 社会参加で健康寿命を延ばし、認知症を防ぐ

(1) 社会参加で認知症を防ぐ

定年で仕事が無くなった中高年。地域との付き合いが下手な中高年。高年期では、家族が遠くにいたり、時に何らかの事情で独りきりになったりします。自分も一瞬、このような体験をしたことがありますが、それはもう寂しいものでした。誰とも口を利かない、口を利く相手がいない、することがない、出かけようにも財布が心細い…などなど。実は、日常的にこういう人は意外に多いのではないかと思います。東京での孤独死は年間四千五百人以上、という数字を聞いたことがあります。都市においては互いに無関心で、いわばコミュニティが崩壊しつつあるという状況を示しているようです。地域とかかわる活動をすすめ、創年運動を通じた心身の健康づくりを進めたいものです。

認知症も心配

二〇一二年、厚生省は、約四三二万人弱の認知症発症者が存在し、このままでは二〇二五年は発症者七百万人を超えるという予想を発表しました。さらに二〇四〇年には約八百～九百五十万人と、時代と共に増加が予測さ

れています。高齢者の認知症発症者の増加は、発症すると長期の介護を必要とし、その社会的負担は図りしれないものになると予想されています。高齢化社会の認知症リスクが、わが国の経済に深刻な打撃を与えることが現実の問題になっています。国のオレンジプラン策定では、認知症対応に取組み始めています。

認知症患者に関する予測

	2012年	2025年
65歳以上人口	3079万人	3657万人
認知症患者数	462万人	700万人
軽度認知障がい者	400万人	500万人

「朝食に何を食べたか思い出せない」これは老化による物忘れだといいます。しかし、「朝食を食べたことを忘れてしまう」のは、認知症の「記憶障がい」といいます。物忘れが多くなったと自覚している人も多いようです。誰でもあることですから、気にしないほうがいいと言われても、やはり気になるものです。私なども、その近くまで来ているといえそうです。認知症にかかる人は六十五歳ぐらいから増えるといいます。七十代では十人に一人、八十歳を越えると急に増えて三人に一人といい、誰もが可能性があり、しかも高いのです。①

そこで、認知症になる確率が高まる年齢より前の段階で何かをしておくしかありません。それは間違いなく、学習であり社会参加であるといえるでしょう。②

認知症を防ぐ学習・社会参加

長生きだけしても、認知症をはじめ多くの病気と闘う残りの人生ではあまりに惨めなことになります。おまけに年金だけでは満足に生活できそうもない経済生活も不安です。また、社会的に孤独になったのではやりきれません。この二十年近くを心豊かに、しかも社会に貢献しながら過ごすことはできないものか。その考え方が創年の考え方の基本にあります。そして生涯現役の考え方が創年なのです。

認知症になるかならないかが決まるのは、五十〜七十歳の間の過ごし方によるそうです。創年の多くは孤独です。かつての職場の仲間も、部下たちも、家族もとっくに去り、孤独な人々がなんと多いことでしょうか。電車に乗るときも、お茶を買うときも、自販機で買うことも多く、誰とも口を聞かない日が続く人もいます。実はこれがかなり危険だといわれています。一週に一回でも人と会う人は、会わない人よりも認知症などが少ないことが知られているのです。健康の秘訣は何よりも社会参加が最も効果的というデータがあります。創年活動は、健康に役立つとともに、認知症防止にもつながるようです。今からでも参加してほしいものです。③

認知症にならないために必要なポイント

東フィンランド大学（二〇一四年）の研究で、平均年齢約七十一歳の人々を対象にした調査レポート（一四四九人を対象に調査）によると、「人は利己的な関心でしか動かない」「誰も信じられない」と強く信じている人は、そうでない人の三倍、認知症になりやすいと言います。その調査結果から、認知症にならないために必要なポイントとして次の項目が指摘されています。

ア．運動　予防に最も必要とされています。少なくとも二日に一回三十分以上の散歩

イ．社会性　気軽に話せる友人を持ち、「人の役に立っているという自信を持つ」。皮肉屋にならない

ウ．学習（脳のトレーニング）「認知力」「記憶力」の向上に役立つ教材などを活用したり、プログラムに参加したりする

エ．食事　ビタミンA・Cを含む緑黄色野菜、ドコサヘキサエン酸（DHA）を含む魚介類などを積極的に取る

オ．睡眠　質の良い眠りをとる。睡眠不足にならない

（平成二十八年二月十三日　日本経済新聞）

認知症になりにくい人の特徴に関する記述も見つけました。

社交的、気くばりができる、こまめに動く、好奇心旺盛、意欲的、よく笑う、服装に気を使う、異性への関心を失っていない、頭の切り替えがうまい

どうやら、この本を読んでいる人に合うような項目があげられています。大丈夫。あなたは百歳までは生きるでしょう。なお、ボケ予防に効果がある活動は、1．旅行、2．料理、3．パソコン、であり、効果のあると言われる囲碁や将棋に比べて「旅行」は八倍の効果があると伝えています。旅に出かけてみますか。④

（2）創年の地域参加促進で元気地域を創る

創年の健康づくりを直接の学習活動で推進する方法もありますが、多彩な市民の学習活動を活発化させることで、成果をあげようとする例が多くあります。心身の健康づくりは、社会的な活動に効果があることはこれまで述べてきたとおりですが、具体的に、学習機会とその活用の場を工夫すれば、まだまだ大きく伸びる分野です。一億総活躍プランの中では、「健康立国」市場の創出が提起されており、生涯学習、まちづくりの分野では、学習機会の提供が期待されています。

認知症を忘れてしまうまち　酒々井町

千葉県酒々井町は、生涯学習まちづくりに今全力投球中です。生涯学習まちづくり研究所、青樹堂師範塾など

新しい取り組みが話題になっています。このまちの大きな行事に「輝く創年とコミュニティフォーラム」があります。第二回の基本的なテーマは、「認知症を忘れてしまうまち」ということでした。いうまでもなく、創年が社会参加することにより認知症を遠ざけようという考え方です。より多くの住民がさまざまな学習に参加し、相互につながり、町の活性化を目指す姿がみられるようになりました。さまざまな分野の人々が、毎年テーマを掲げて一堂に会し、新しい取り組みをすることで地域を活性化させようとしています。

また、役場の全職員が、認知症対応の研修を実施しているということが、町の本気度を感じさせます。酒々井町では、積極的な町民づくり、人材養成の一環で「酒々井まちづくりセミナー」を、全国生涯学習まちづくり協会との連携で開催しています。

健康都市をめざすまち　取手市

茨城県で東京に最も近く、地下鉄千代田線の始発駅取手市は、東京のベッドタウンです。駅前のウェルネスプラザは、市民交流、健康づくり、子育ての機能を備えた施設があります。トレーニングジム、キッズプレイルームをはじめ保健センターなども完備されており、取手市の総合戦略の基本方針の一つ「スマートウェルネスとりで」の推進による健康づくりの拠点となるところです。

取手市は、ひと・まち・しごとの活力の向上のために、市民の健康づくりが基本であるという考えから、「健幸＝健康で幸せ（身体面の健康だけでなく、人々が生きがいを感じ、安心安全でゆたかな生活を送れること）」を重点にしています。具体的に「取手市創年市民大学」「とりで知学女性セミナー」などを実施して、地域の課題解決や魅力創出に、取り組みはじめています。これからの取手市が注目されるところです。

2. 創年市民大学で学習　創年の学ぶ機会

(1) 市民大学の意義

「スタートは学習」は市民大学

学びあうことはコミュニティづくりに最も効果があるといわれています。学習成果を活用し、「教えた人」と、その「教えられた人」の相互の関係は、共通の情報を共有することから相互信頼を生み出しやすいからです。生涯学習が、まちづくりにつながるというのはこのためです。市民大学が、まちづくりに寄与するのは、失われているといわれる地縁を復活させることはもちろんのこと、学びあう縁「学縁」、同じ志が集う「志縁」など、コミュニティ形成に効果を実感できるからでしょう。

まちづくりにおいては「スタートは学習」。それが市民大学ということになります。市民大学の学習は、市民がひとつの情報を共有しあい、これまでの多様な経験や知識を活用するための準備運動のようなものです。

市民大学とは

「市民大学」は学校教育法によらない、いわば社会教育事業の一つで、自治体における市民を対象とする自主的な学習機会です。市民にとっては、市民大学は、自主性に富む生涯学習の場ということができます。その学習目的・内容は、自らの知的欲求を満たすことが主ですが、創年市民大学のように「学習成果をまちづくりに生かす」ということを目指すとすれば、市民大学は、市民がまちづくりに参画するための基本的な学習の機会ということになります。市民大学は継続的、体系的な学習が特色です。市民大学での学習者相互の人間関係の深まり、つながりは、地域づくりに大きく貢献します。また、まちづくりの研究と実践に、成果をあげている例もあります。さらに、まちづくりのシンクタンク的な役割を果たしている例もあります。

「市民大学の目的」も震災後変化が

「市民大学の目的」は、生涯学習の視点から、自己の充実を目指すものです。学習成果を生活の中に生かそうとするものもあります。そのうち、最も多いのが、教養・研究、趣味に関する内容の「自己を高める」ことを目的にしているものです。具体的には、文化教養、生きがい型といえるものです。この場合、学習はするが、その成果を地域に生かすという側面は、かならずしも重視していないという点が課題となっています。心豊かな、ゆとりの学習にも見えます。

しかし、東日本大震災以後、不況であらゆる資源不足の中、その後の生活においても、今後は、「生活を豊かにする」という「生活向上型」のプログラムの充実も求められます。特に、大震災、不況、財政事情の厳しさなど、現実の生活を直視する学習内容を重視することも考えられます。いわば、「仕事に役立つ学習」「収入に結びつく学習」などを意識するものです。これまでの社会教育では、取り上げてこなかった領域の事業です。

（2）創年市民大学で、学び合う

多くの自治体には創年が学ぶ場として、公民館講座や「市民大学」が開設されています。もっぱら自治体が開設する市民大学が多いのですが、「創年市民大学」には、単に学習するだけでなく、その成果を地域に活用することを前提とするという特色があります。学習内容は多様ですが、「まちづくり」「社会参加」「青少年健全育成」などを中心とするものが多く見られます。鹿児島県志布志市の「志布志創年市民大学」「ケセンきらめき市民大学」（大船渡市）「矢板市創年まちづくり大学」などが幅広い活動で知られています。行政の協力を受けながら、これらは市民主体となって創造的に運営されているところに特色があります。

3. 市民大学の実践

（1）志布志創年市民大学

鹿児島県志布志市では、創年の立場から継続的、系統的な講座を「創年市民大学」として、実施しています。その学習の結果は、参加者の積極的なかかわりもあって予想通りの好成果をもたらしました。それは、参加者が自ら地域アニメーターになって、地域に自己の能力を生かそうという目標をもって学習したことです。約九十人近い創年たちが、年間約十五回講座の学習を楽しんでいます。

志布志創年市民大学は、講座以外の課外活動もさかんで、「山間部地元学」「志布志歴史探訪」「商店街地元学」「まちづくり観光ボランティア」「志布志昔話の語り部」「水と環境のモデル都市」等の自主研究グループで構成されています。一見、固いイメージですが、実際は楽しく、爆笑の渦にある研修研究なのです。

参加者は、現職の中学校長、市会議員も多数参加しています。もちろん若者も、婦人会代表、消防団、文化協会関係者など市内の各分野の人々が集まり、まちづくりのシンクタンクとなっているほどです。出席率も高く、ほとんど脱落者はいません。卒業もありますが、多くは落第志望です。一部は大学院に進級します。講座の楽しさ、ユニークさなど抜群の面白さは、仲間が楽しいからです。学長は歴史家の原口泉氏（志学館大学教授）、総長は市長が務めます。

講座の内容（カリキュラム）の一部は、資格取得可能な講座「しぶしＩＫＩＩＫＩ夢発見塾」も含まれています。講座は、受講生が当番制で運営していますが、そのほかにもユニークな内容が組み込まれています。

ア．受講生（学生）は、地域を元気にするイベントの開催や、先進地域との交流パーティーなどを自主企画している。

イ．修学旅行として近県に出かけ、見学と交流事業を楽しんでいる

ウ．卒論として、グループ単位に「まちづくり提案書」を提出し、「まちづくりフォーラム」で報告するなど、ユニークな講座となっています。⑤

防犯に成果をあげた「創年団」

この創年市民大学のいわれは、「学んだ成果を地域で活用する」という点にあります。学習とその活用のバランスがあることが、学習を深めます。「教えることは二度まなぶことなり」という言葉を実行しているのです。

創年市民大学の学生、卒業生を中心に結成された同窓会「創年団」の活動は、朝早く起きることから始まります。創年団は、いわば生徒会のようなもの。参加者延べ二百人。約五十台の民間のパトロール車（「青パト」と呼ばれている）が、団員の手によって運営されています。そのため志布志警察管内の犯罪を三割も減少させました。こうした例は全国でも例がなく、広く、まちをあげての青少年の健全育成ということで評価されています。

焼酎「創年の志」を出荷　日本の社会教育の歴史では初

「だいやめ講座」は、創年市民大学の一部で、いわばクラブ活動です。約四十人の受講者たちが自ら、サツマ

イモの育苗、栽培収穫から、焼酎「創年の志」になるまでの全工程を醸造体験し、商品化するまでを学習します。その焼酎で「だいやめ」(晩酌の意)を楽しむことはいうまでもありません。

製造者たちの集合写真入りの焼酎はもちろんのこと、市民大学で焼酎を造り、発売しているのは、日本の社会教育の歴史では初の成果です。醸造会社の協力を得て、同社の銘柄として発売しており、人気は上々です。

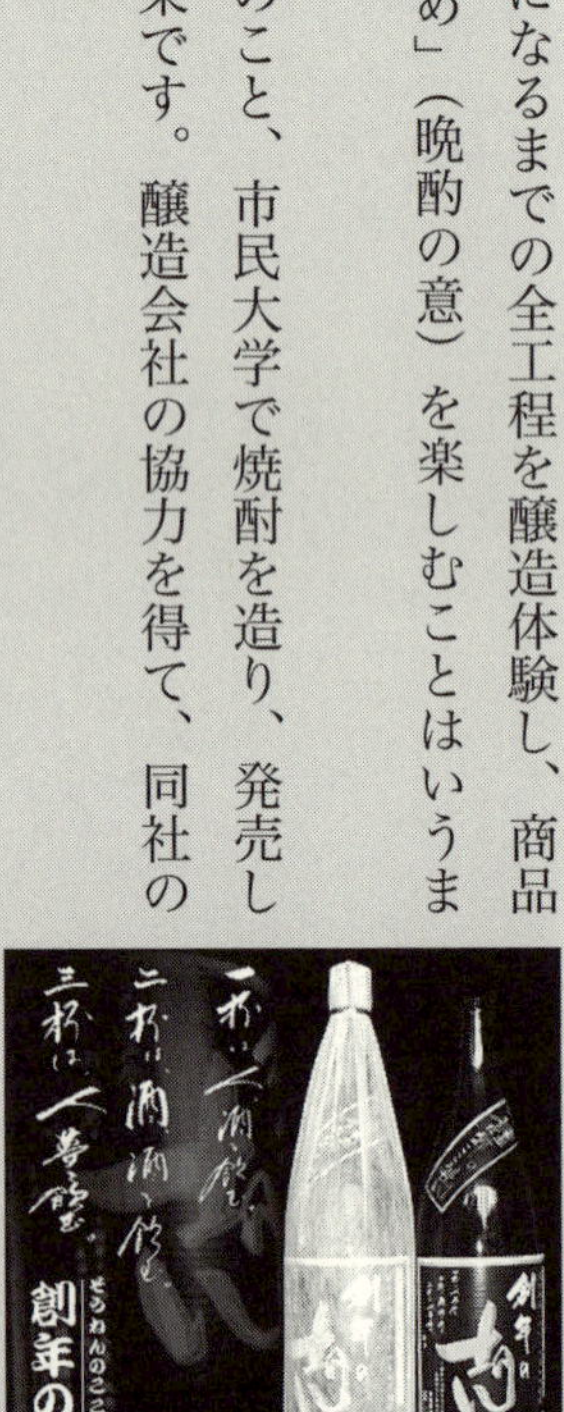

花咲か爺さんばあさんで市街地美化

駅前の花壇作りや、まち中に花いっぱい運動を展開する「花咲か爺さんばあさん」は、市街地美化に活躍しています。早朝の駅前に集まり、雑草の草刈や花の栽培などを展開して、美しいまちづくりに貢献しています。

創年のたまり場「日曜ふれあい市」

創年のたまり場「日曜ふれあい市」は、空き店舗を活用して会員が店を出し、リサイクル商品、手づくりの食品、野菜などを販売し、町民に親しまれています。

創年と子どものまち宣言

志布志市は、「創年と子どものまち」を宣言しており、市民大学でも、入学式などの折は創年市民大学の校歌のあとは、全員で宣言文を唱和することになっています。もちろん創年市民大学入学式の折にも、市民大学の校歌とともに参加者全員で宣言文を唱和しています。小学生が、学芸会でせりふを唱和する状況を思い出します。

まちに愛情を持った市民の優しい顔が、いつも印象に残ります。

エッセイコンテスト

平成二十七年度国民文化祭では、志布志市はエッセイコンテストフェスティバルを開催しました。これも市民大学の皆さんが図書館のエッセイクラブで学びつつ、全国にアピールしたことから全国大会に発展したものです。

（2）特色ある市民大学の事例

前橋市　明寿大学

群馬県前橋市中央公民館の「明寿大学」。講座の最初の場面では「明寿大学のうた」が歌われます。創立は昭和四十六年、高齢者教室「明寿大学」からスタートしたという伝統の市民大学です。本科三年、指導者養成科一年の二科制。現在約四百人の受講生。午前は講座学習、午後は必修クラブ学習（書道、詩吟、合唱、英会話、社交ダンスなど十一クラブから一つ）となっています。課外クラブ（自由参加）でも、カラオケ、パソコン、健康体操などもあり、楽しく学べる仕組みを充分に楽しんでいるという感じです。多くの市民に親しまれる本格的な市民大学の代表といってもよいでしょう。

取手市創年市民大学・創年女子大学

「ひと、まち、しごと創生会議」の一環としてまず、まちづくりを学ぶ市民づくりを標榜して「取手創年市民大学」が開設されています。これも志布志市を意識し、さらに発展したものを目指しています。都市の事業としてスタートし、市役所も一体となって開設したという、イメージの斬新な事業です。市長を学長として、これからまちづくりのために貢献できる市民大学を心がけて運営されています、また、そのほかにも、女性だけに限定した通称、創年女性大学も並行して開設しています。これら二つの事業は、いずれも取手市の活性化に貢献するものとして期待を高めています。

松戸ふるさと発見塾

本格的な市民講座で、おもてなしを意識した大人の講座。松戸市のまちづくりに貢献しようとして組織された講座です。三年継続で実施し、参加者は三期にわたり学習した人もいれば、テーマを追い続けてサークル化されたものもあり、多様な学習や、市民活動に発展しています。

「バリアフリー　トイレマップ」の研究成果を市に報告したグループ、銭湯と壁画（富士山絵など）を調査したグループ、松戸から見える富士山風景を追ったグループ、松戸のせんべいを調査したグループ、地名の由来を研究したグループなど、それぞれが松戸市民を実感するきっかけになったと評価されています。これも名称こそついていませんが、事業の性格は、創年市民大学なのです。講座の一部に、創年のたまり場を学習し、実際に設置を考えるプログラムも用意されています。

シニアライフ協会

目黒を拠点に、関東一円を対象に活動する中高年者のための総合生活相談、支援を行う機関として、シニアライフ協会が活動しています。一般市民を対象に、中高年の生活の拠り所となる「健康」「生きがい」「経済的基盤の安定」などに関して、助言・支援・啓発活動を行い、高齢社会で中高年者が心豊かに安心して生活できる社会づくりをめざしています。

平成五年、シニアルネッサンス財団が実施した「シニアライフアドバイザー（ＳＬＡ）」として認定された、関東地区在住の人たちで結成されたボランティア団体で、全国ブロックの八協会が活動しています。リーダーの佐藤昌子理事長、久保欣一専務理事を中心に、さまざまな活動をしています。大企業で働いた経験のあるメンバーが多いことから、きわめて本格的な組織活動が展開されています。

事業内容は、総合生活相談、講座・講演会の企画・実施、広報誌「ビバシニア」の発行やホームページの開設など、シニア生活全般にわたっています。アドバイザーとして貢献したいという意欲的な人の集団になっています。

そのほか、市民大学としては、「日立生き生き百年塾」や静岡市の「清水清見潟大学塾」、東京の「中野区民大学」「ふなばし市民大学」など、三十年以上も続く有名な市民大学も少なくありません。いずれも現代の生涯学習にふさわしい学習が行われています。

4. 創年のたまり場

「たまり場は、浮世の風の通り道」 知恵の泉のわく所「いるばある」

山形県天童市北部公民館。公民館の一室が、月に一回ですが、地域住民のたまり場「いるばある」として開設されています。「居る場がある」という意味のようですが、さらにバールは、イタリア語で喫茶室・スナックという意味があり、こうした意味も含めて付けられている名称です。誰もがくつろげる「出前交番」にもなるそうです。部屋には図書コーナーがあり、なんと「創年図書コーナー」も設置してありました。創年のたまり場を楽しむ皆さんの様子が浮かんできます。

いるばあるの案内

天童市北部公民館

（1）地域にたまり場を

無縁社会・東京砂漠

孤独死年間四千五百人を超す東京。都会ではもはや隣の人と会話もない、近所の付き合いもないなどという団地も少なくありません。無縁社会という言葉も聞きました。まさにコミュニティは崩壊したといってもいいぐらいです。

創年男性の多くは、会社勤めで生活スタイルが異なることもあって、地域での活動は、もはやないとさえいわれています。定年を迎えた人たちは、すぐには地域に溶け込めないし、地域には居場所がないという人も少なくありません。あれだけ多くの人口を抱える大都市でも、心を許せる人が意外に少なく、行く場所もなく創年としてはさびしいものです。人が多いだけで仲間のいない人がなんと多いことでしょう。「東京砂漠」という歌謡曲がありましたが、まさに砂漠のような都会になっているようです。

居酒屋でも行きつけの場所があり、気の合う仲間がいる人は幸せです。これからは、私たちの周りに創年の居場所づくりを考える必要があります。それもできるだけ急いで。

第三の場・行きつけの場の必要

社会学者レイ・オルデンバーグが提唱した「たまり場（行きつけの場）の共通点」は、第一の場（家庭）、第二の場（職場）、一でも二でもない第三の場の中から、

○　手ごろな価格でそれなりの食事や喫茶が楽しめる

○　新たな友人を作るきっかけが多い
○　生活に役立つ情報が多く得られる
○　健康維持、教養・スキル向上のための機会が多い

の条件を、退職者向けの第三の場として再定義したとされています（従来は、退職者向けの第三の場としては、老人クラブ、パチンコ屋、図書館など）。

毎日定期的に行く所がなくなる人が多く、その受け皿としての第三の場が、事業機会となる可能性が高いと指摘されています。創年対応の市場の可能性があるということです。⑥

そこで、日常的に集まれるような、仲間と身を寄せられるような場が身近にあることが必要になります。そういえば、災害にあったとき、多くの人々が肩を寄せ合い助け合っている場所は、親しくしている人が集まっている避難所でした。それは人々が心を休める空間になっていたのでしょう。いわば、このように地域における心を許せる空間で「たまり場」というわけです。

地域に関心をもち、地域連帯を創る活動への参加を

これまでの会社一筋や、役所一筋、学校一筋、など「一筋人間」であった創年は、地域においては居場所を失う傾向がみられます。例えば定年でこれまでの生活を変えた場合、孤独になる例もあります。

そこでまず隣から、徐々に輪を広げる工夫や、住んでいる地域に関心を持つことが必要です。郷土史研究や郷土学が、今人気を集めていますが、自分の住んでいるまちについて、いわゆる新住民といわれる人々が、何も知らないことに気づき、地域の歴史等について目を向けることなどを勧めたいものです。発掘しなければ、誰も知らずに消えてしまう旧村の史跡、民俗行事、地理、歴史などを記録して、後世に伝える地道な作業をすることな

どは、創年らしい仕事といえるでしょう。記録にして地域に役立てることは、将来のまちを考える上で極めて大切なことです。

(2) 創年のたまり場　「ありがとう」が飛び交う場

創年の活動には「時間」「空間」「仲間」という三つの「間」が必要であるといわれています。創年にはたっぷりと時間の「間」はあるものの、地域においては、空間と仲間について十分とは言えない状況です。

「ありがとう」や、「ほめ言葉」が飛び交うまちは、きっとすばらしいまちに違いありません。創年が集まり、日常的にそんな言葉が飛び交う場所。それが地域にある「創年のたまり場」です。地域の人情が感じられる、心のたまり場にしたいものです。

創年のたまり場の機能　お茶やコーヒーを飲みながら

むかし田舎の農家には縁側がありました。まちには銭湯もありました。そこでは近所の人々と世間話をする機会もありました。また、子どもたちにとっては地域の駄菓子屋が、その役割を担っていたのです。そこではおばあちゃんが近所の子どもの観察をしていましたし、大人同士の情報交換の場でもあったのです。

会社などの組織の中では、十分に人間関係を保持したのですが、地域においては、仲間づくりは得意でない人も少なくありません。さらにそうした仲間が集う場も身近にはありません。そこで今日、創年が、創年らしさを発揮する機会と場が、地域にあればという願いからできたものが「創年のたまり場」です。地域の身近なところで仲間が集う機会が増えれば、これからのコミュニティ形成に役立つでしょう。また、創年が地域デビューする、いわば自己を生かすきっかけの場として、そのスタートの拠点が「創年のたまり場」になります。その特色は、何よりも行政等の枠にとらわれず、さまざまな活動を自由にできることです。

創年のたまり場の機能

「創年のたまり場」には、およそ次のような機能がみられます。「創年のたまり場」が、そのすべての機能を有しているわけではありませんが、共通していることは、「地域で気軽に集まれる場」であるということです。

1 地域の創年の憩いの場になること
2 地域の人々の定例会場になる（会議やお茶など〝語り合う場〟グループ研修の場）
3 地域の情報が集まる場となり、観光の寄り道拠点となる
4 地域の人々の作品発表の場や販売もできる場となる
5 地域の子育て拠点として、子育て相談に協力することができる
6 女性のチャレンジ支援の場となる
7 子どもの居場所となり、生活の中の居場所づくりを支援する。子どもの相談相手になる創年が、子どもの遊びや勉強を教える
8 地域のボランティアの活動拠点として、地域の介護ボランティア等に、協力支援する場を提供する。

結果によっては、創年にとって、地域で新たな雇用の場が期待できるでしょう。

誰でもつくれる「創年のたまり場」とその形態

創年のたまり場を創るには、店舗を構えている人は、それを地域に広く利用してもらえるように工夫することです。また、自宅を地域の人々に開放したいと思う人も少なくありません。それも創年として何とかして地域に役立ちたいという思いであり、これも大切にしたいものです。

（3）具体的な居場所・たまり場　どの地域にも存在している

たまり場の形態

これまでのところ、創年のたまり場は次のような形態でさまざまの機能を持って実践されています。

ア　喫茶店、薬局や書店などの店舗
イ　画廊、商店、事業所、事務所
ウ　民宿、旅館、ホテル　会員制度を活用した指定宿泊施設として推薦する
エ　無人駅、寺院
オ　学校や幼稚園などの教育機関、自治会館等（生涯学習センター、公民館の一角等）
カ　個人の家（自宅開放）、空き店舗

などが、「創年のたまり場」となっています。そのほか、増えつつある立ち飲み居酒屋、銀行内の交流スペースなどがあります。また、空き家再生で介護施設に改装したり、市民が知恵を出してつくった都内喫茶店ギャラリー化などの話題が新聞紙上で見られます。

創年のたまり場の性格

創年のたまり場は、住民の団らん・憩いの場、観光（旅）の中継地、子育て支援の場、教育を語れる場、世代間交流の場、地域の子どもを守る拠点、作品展示・販売の場、福祉ボランティアの拠点、外国人との交流の場、コミュニティビジネスの場、リタイヤメントビジネスの場など、多様な性格を有しています。

これらすべての条件を満たすことではなく、そのいずれかが特色として発揮できればよいのです。このほか、認知症の高齢者や家族などが集う「認知症カフェ」や、読書の拠点、ブックカフェなどの話題もありました。それも全国に広がりつつあります。

（4）たまり場の事例

「たまり場たろう」

小松崎登美子さん。全国生涯学習まちづくりコーディネーター。二〇〇四年四月茨城県筑西市で、地域コミュニティの拠点「たまり場たろう」を開設。平成八年には近隣の仲間に呼びかけ「茨城のたまり場ネット」を設立しました。「たまり場たろう」をスタートさせることになり、理想とするコミュニティ社会は、温故知新の人情まちづくりであると実感しました。

「格好をつけずに『生きていること』をさらけ出し。楽しみ、誰かのために少しだけ喜ばれることを行動に表し、うなずき合える仲間とともに同じ価値観を共有しあう。そんな仲間が県内各地にたまり場運営をさせています」と小松崎さんは語ります。楽しみつつ、夫婦で楽しみながらコミュニティ形成に貢献しています。

「寿限無亭」

岩手県大船渡市。入江の丘の中腹に、「寿限無亭」と名づけたログハウスがあります。港を見下ろす場所に、子どもなら一クラス全員が入って授業できるぐらいの広さで、しゃれたログハウス。これがなんと還暦を迎えた同級生たちが六年がかりで建てたというもの。創年のたまり場に指定されています。それぞれ人生経験豊富なメンバーが経験を出し合って創ったという施設。そのできばえはとても手づくり、素人の日曜大工、などとは思えないほど立派なものです。好きで建てました、などという範疇をはるかに超えています。創年の、いつまでも少年の気持ちが伝わってきそうな施設です。

寿限無亭のログハウス

喫茶室「カフェ・ド・カオリ」

松戸駅前に最も近い店が喫茶店「カフェ・ド・カオリ」です。オーナーの剣持英子さんは、かつて日本バスケットボールリーグの選手であったという、やさしく礼儀正しい対応が人気です。松戸市では唯一、本格的な喫茶店として知られ、大人の文化的なムードが漂っています。毎月一回程度のコンサート、トークショーなどが開かれており、創年のたまり場として定着しています。聖徳大学生涯学習社会貢献センターで学ぶ主婦たちに人気を集めています。たまり場のリーダー的存在です。

喫茶室「実楽来」

相原冨美子さんが団地の一角に設置した喫茶店は、スポーツをテーマとし、イメージしたもの。街角のコンサートも実施しますが、今は健康教室も考えるというたまり場です。さらに亀戸駅前には、ダンスホールにもなると

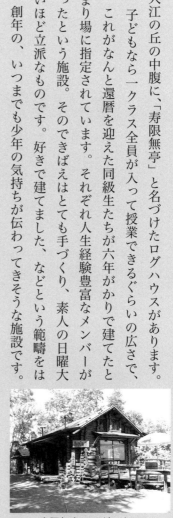

いうたまり場も設置しています。区内の創年たちが集まり、多様な活動が見られます。今後は、創年健康プロジェクトの拠点を目指しながら、創年の健康、美容などを基調とする活動をしたいとしてはりきっています。

松戸市のたまり場〝学裕のひろば〟

社会教育の場として、たまり場機能の活用が必要であることが、松戸市の社会教育計画中期プランに位置づけられています。四十八万都市松戸市の、生活の場に近い文化活動の拠点として、「学裕のひろば」（仮称）を増やす市民活動を展開しています。

平成二十八年度松戸市ふるさと発見講座（松戸市おもてなしカレッジ）の学習の一こまに、「創年のたまり場」を「学裕のひろば」として課題に取り上げ、その意義、設置の方法、活用とネットワークなどを学んでいます。具体的に市内を診て回り、その開設や、実行などを試みようとしているのです。松戸発の多くのユニークなたまり場が、全国にデビューすることが期待されています。

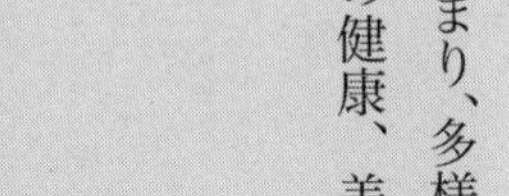

実楽来

5．ボランティアの実践　つながろう日本

（1）創年の生きがい　まちづくりボランティア

金もない、力も無い、それならば「知恵をだしてボランティア」

「金もない、力も無い、それならば『知恵を出せ』」これは、よく役所で上司が語る言葉です。実際に、この心意気を示す行政も少なくありません。予算がないのでやりません、などというのは役所用語です。「そうですね、今は予算がありませんから、来年以降、検討しましょう」などという役所の常套句、これは「何もしません」ということだと理解して、行政に頼らないと決めた例は、山ほどあります。筆者も行政経験がありますが、双方の、その心情は理解できます。やはり進めたいのは、私たちが推薦するまちづくりボランティアです。

ボランティアについてはさまざまな定義がありますが、わが国では一般に、「個人の自由意志に基づき、その技能や時間等を進んで提供し、社会に貢献すること」「自発的な意思に基づき他人や社会に貢献すること」が、定着しています。⑦⑧

活用されるボランティアが必要

いつの時代も社会教育推進のための指導者養成は、常に重要な課題となっています。公民館など社会教育施設等でも、「団体サークル・リーダー研修会」「ＰＴＡ指導者研修会」や「子ども会育成研修会」、「青年団体指導者研修会」など、指導者研修会、ボランティアリーダー養成研修会などが幅広く実施されています。読者の中にも経験のある方が多いはずです。しかし、こうした社会教育指導者、ボランティアリーダーなどは、養成講座の実施の割には、あまり活用されていないという指摘がされています。

意欲的な創年を結集します　生涯学習時代の到来

生涯学習時代が到来しています。何かをしたい、生きがいを探したいと意欲を持ちながら、何をしてよいのかわからないという人が少なくありません。その結果、多くの人々は自ら生きる方向を見失いがちで、不安と孤独に悩みながら、あせっている状況にあるものと思われます。また、地域には意欲と実力を持ちながら、活動や連携の方法がわからず個々ばらばらにボランティア活動等を行っているため、本当に効果が上がっていない例も少なくありません。もしこれらの人々が活躍できる場が存在し、学習成果や能力を発揮できるならば、どんなにすばらしいことでしょう。そのためにも、今こそ一人ひとりの力を一つのエネルギーとして結びつけ、総合的な力に倍加させることが必要なのです。

平成二十三年の東日本大震災、平成二十八年の熊本・大分の大地震で、日本中が被害対応に苦悩しました。一方では全国からの支援や海外からの支援も含めて、創年からも多くの人々がボランティア精神を発揮したことは感動したことでした。そして防災、防犯などのボランティアだけでなく、まちづくりにかかるボランティアも活躍したことが、これまでにないことでした。ごく普通に創年が重要な役割を果たせる場であったようです。

創年は、基本的に長い人生で蓄えてきた自分の力を地域に還元しようというところに、その特色があります。これまでの大震災では、できることは何でもやりたいという多くの人びとの声がありました。特に、特技がある創年は、具体的にすばやく参加されたようでした。これからもしボランティアで活躍しようと考えたなら、得意なものを生かすことに加えて、新しいことに挑戦することも必要です。

創年の生きがいづくり　ボランティアに参加しませんか

今、日本人全体の暮らしを考えたとき、平成二十三年三月十一日以前の日本の七割の力でいいでしょう。東日本大震災直後、節電や、食料の確保などは、ゆたかに暮らしてきた生活に衝撃を与えました。節約、節電した思い出が薄らいでいましたが、再び熊本・大分の大地震が襲ってきて警鐘を鳴らしてくれたような気がしました。節約や、助け合うあの様子が、これからの日本の通常の姿と思えばいいと思います。七〇％の生き方は、われわれの肥満をも減らすでしょう。そして資源を大切にするのではないでしょうか。

青少年が大震災の被災地で自ら立ち上がったようなボランティアが、普通の姿になればよいと思います。こうした生活には、第二次世界大戦の敗戦を体験し、阪神淡路大震災とともに三度目の被災を体験した創年には、ボランティアとして活躍する使命もあるような気がします。

人によって生きがいの中身は違いますが、最も共通していることとして、「誰かの役に立つ」「社会の中で役に立つ」「正当な評価をうけるために自己を表現する」が挙げられるのではないでしょうか。創年活動は、基本的にはボランティア活動です。なかでも、まちづくりの中で何らかの活動をするということが挙げられます。それがまちづくりボランティアと呼ばれる活動です。

（2）ガイドボランティア

市民講座を経て観光ガイドボランティアになるケースが増えています。酒々井町、松戸市なども、歴史を学んだ学習者が地域のガイドボランティアとして活動している例が注目されています。観光がまちづくりの中心的課題の今、当然のことですがその成果を発揮し、楽しみながら、生きがいにつながるという好循環となっているのです。創年の学習にとっては極めて自然な、しかものぞましい学習成果の発揮の仕方と言ってもいいでしょう。東京オリンピックにおける創年のガイドをはじめ、多面的に希望が持てそうな感じがします。

青少年おもてなしカレッジ

創年が指導する青少年活動では、いま、青少年おもてなしカレッジが期待されています。

「青少年おもてなしカレッジ」は、NPO法人全国生涯学習まちづくり協会が、「体験の風をおこそう」運動の一環として実施しているものです。指導者は、創年の活躍を主体にしています。その目的は、青少年がおもてなしの心を体得し、まちのため、日本のために活躍する国際性豊かな青少年の育成をめざすものです。東京オリンピック・パラリンピックにあたり、全国的に、継続的におもてなしボランティアの青少年を養成し、発展させようとするものです。具体的には、次のような成果を目指します。

1　地域活動の体験を通じて基本的な思いやりの心を培います

2　地域でのさまざまなボランティア活動、体験活動を通して「おもてなし」の心を培います
3　観光について学習し、国際交流など、おもてなし体験を通して、日本のおもてなし文化を実践できる青少年を育成します
4　地域を愛し、他人にあたたかく接することのできる国際性豊かな青少年を養成します
5　オリンピック開催に向けて、おもてなしの力を培い、発揮して各々の地域に貢献します

活動のあらまし

1　実施主体　市町村、社会教育団体等　町内会・自治会、一般団体等が実施します。
2　参加対象者　小学校五年以上、高校生まで原則三年間の継続学習とします。
3　学習内容　所定の学習内容（体験学習課程）を中心に、主催団体が主体的にプログラムを実行します。所定の内容で、地域を知り、地域の行事を手伝うと共に、地域ガイド等の体験を通じて、地域づくりに参画します。所定の内容で、研修と交流体験等を重ねながら、自己を高め、おもてなしの心を学び、周囲のためにボランティアとして活動を重ねることを重視します。
4　学習成果の活用
自治体、及び主催者は、今後、参加者、修了者を自治体や地域行事に参画活用します。高校生はそれぞれの地域で小中学生の指導者としての体験も重ねます。

東京オリンピック、パラリンピックの際には、各自治体で、内外からの観光客の受入れなどに当たり、五年間の体験活動を重ねた若者ボランティアが、おもてなしの第一線として活躍を広げます。
5　事業の発展

この事業の実施主体は、青少年おもてなしカレッジ実行委員会です。実施主体として、教育委員会、公民館等、社会教育施設で実施する場合や、学校教育で取組む場合（学校行事、クラブ活動など）、ＮＰＯなど民間団体が実施する場合などがあります。

実施形態として、①イベント事業として集中的に実施する場合、②宿泊研修等で集中的に実施する場合、

参考　学習プログラム

初級編	学習内容	方法
1	あいさつできる	講義・討議
2	ボランティアの心	講義・討議
3	仲間を大切にする	講義・討議
4	地域の概要を知る	講義・討議
5	地域やまちのよさを知る	実地・実習
6	緊急避難の方法を理解する	実地・実習

中級編	学習内容	方法
1	外国旗にも関心を持ち大切にする	講義・討議
2	宗教と習慣の違いを学ぶ	講義・討議
3	郷里の祭り、伝説、偉人等を説明できる	講義・討議
4	国際情勢に関心を持つ	講義・討議
5	観光立国日本の施策について知る	講義・討議
6	自分のまちのガイドができる	実地・実習

上級編	学習内容	方法
1	特定の外国語で簡単なあいさつができる	講義・討議
2	日本の食文化について説明できる	実地・実習
3	簡単な手話ができる	実地・実習
4	地域に伝わる踊りなどできる	実地・実習
5	国内の観光地で実習	実地・実習

専門コース	専門的な内容で、おもてなしを実践できるもの　例
地域	歴史観光ガイドができる
	自然探訪、環境等について理解する
	民謡、地域の伝統舞踊等ができる
技能	特定の国の簡単な通訳ができる
	茶道、華道、書道等についての技能

③学級講座として継続的に実施する場合、④学校教育（生徒会、クラブ活動）の一環として実施している場合などがあります。

6．学習内容

基礎編、中級編、上級編に沿って、実態に合わせてプログラムを工夫しつつ実施します。

酒々井町ガイドボランティア

地域には、様々な活動が見られますが、学習を生かした活動として、ガイドボランティアに人気が集まっています。ガイドボランティアは、まちの歴史や文化遺産を案内するだけでなく、いかに地域の人々の生活や誇りを知らせるか、そして、相手の立場に立てるかということが大きな役割です。そしてまちの中では代表的な「おもてなし役」であり、まちの顔ということができる立場です。それだけに臨機応変に力量を発揮してほしい気がします。

酒々井町のガイドボランティアグループは、独自のカリキュラムを設定して研修を位置づけています。実地研修などを通じて、会員のスキルアップに努めています。

（3）地域活動を進めるまちづくりボランティア

まちづくりボランティアの意義と課題

まちづくりボランティアとは、まちづくりに活躍するボランティアのことです。まちづくりボランティアには、まちのプラン作りに係るコーディネーターおよびアドバイザー、まちの各種団体の運営等に協力し、アドバイスする人、まちの特定の事業についてのコーディネーター及び指導する人など、さまざまなものがあります。

市民生活の中にボランティアが大幅に増えている一方で、社会教育の行政にかかる社会教育主事、公民館職員など専門的行政指導者は、近年、大幅に減少しつつあります

生涯学習まちづくりの考え方が浸透し、実践が進展することによって、地域には新しい指導者が求められています。時間的には、前日まで公民館長の職にあった人でも、退職後には、これまでの経験も地域で生かされない、生かすチャンスが得られにくいという立場になってしまうのが通例です。これらは学習の蓄積や成果が、結果的に消滅するということを意味しているのです。また、市民生活の中にボランティアが大幅に増えている一方で、例えば、A町で養成されたボランティアは、そのA町以外では活用されないという実態があります。地域を超えては活用されないという現実もあるのです。

そこで、こうした問題に対応するために、指導者に関する評価と成果の活用に関する基本的な仕組みが必要となります。こうした課題を解決するような指導者養成システムとして、全国生涯学習まちづくり協会による「地域アニメーター制度」と「まちづくりコーディネーター制度」があります。

（4）地域アニメーターの活動と事例

地域アニメーターの定義

「地域アニメーター」は、地域を活性化する人ということができます。また、地域アニメーターとは、人々にやる気と生きがいを与える「まちづくりボランティア」です。もともと「アニメーター（Animator）」には、「漫画家、動画家」のほかに「人々を励まし蘇らせ、生き生きとさせる人」という意味があります。「地域アニメーター」は、地域を拠点として自ら学びつつ、生きがいを求めている個人やグループを励まし、アドバイスや援助を行うボランティアのことです。その役割は、自ら学びつつ人々をつなぎ、活動につなげ、あるいは学習成果を生かす場や機会をつくり、地域を活性化するために活躍することです。⑨

地域アニメーターの活動のような、生涯学習の学習成果を生かす活動は、「学習の深化」に効果があるといわれています。一般に、学習成果を生かすことは、「教える」という行動を通じて積極性を培うという意義も大きいものです。

自治体には、まちづくりを推進する地域アニメーター制度を普及することによって、地域の活性化に貢献できるという期待が広がっています。養成された地域アニメーターが、各地の生涯学習まちづくりの推進役として活躍しているからです。地域アニメーターは、学習成果を生かすリーダーであり、誰でもなれるものです。

地域アニメーターの役割

地域アニメーターには、具体的に決められた活動はありません。活動の実態としては、さまざまなものがあり、それぞれが特色を持っています。

1　自らの生涯学習と生きがい発見
2　得意なものを、地域活動に生かす
3　各種のボランティア活動に参加する
4　地域の団体・グループ活動、まちづくり活動に積極的に参加する
5　専門領域のある人は、公民館講座等に参加し・指導する
6　リーダーバンクに登録し、地域で活動する　など

これらの項目は、いずれも地域アニメーターの活動の実態からまとめられたものです。一人の地域アニメーターがこれらのすべてを活動することはありませんが、そのどれか一部でも役割をはたせればよいのです。

地域アニメーターの活動でまちが活性化

各人が講座を受講しただけでなく、講座終了後に参加者が自主的にグループを結成している例があります。そのグループが活性化し、地域の発展のために、いわゆる地域活性化塾を設立し、多様な活動を展開しているところが増えています。多くの公民館等は、講座終了後には、学習修了者によるグループ化を前提に講座を開設しているところも少なくありません。

◇岡山県井原市の例

岡山県井原市では、地域アニメーター養成講座の修了者を中心とする、市民による学習ボランティア団体に発

展し、「まなびメイト」として、学習センター事業の企画や支援等で活動しています。岡田章文さんはじめ市議会議員の上田議員等の指導も大きいようです。その多彩な活動は、地域の代表的な活動事例として、地域の中でその功績が認められ、各種の賞を受賞している例も多くなっています。

◇鳥取県北栄町の例

住んでよかったまちの実現に向けて活動を始めた、鳥取県北栄町（旧大栄町）の「大栄町生涯学習まちづくり研究会」は、まちづくりの主力団体としてまちをリードしている創年の団体です。リーダーの永田洋子さん、福光正子さんたちの結束が強く、平成二十七年には二十周年を迎えました。その活動は、「フォーラムの開催」、「町内点検と改善策の提案」、「環境美化活動」、「町民運動への発展」など、地域アニメーターを核にした「生涯学習まちづくり研究会」がまちを動かしているといわれています。もともと地域アニメーター養成講座の修了者たちが、結束してまちのなかに「まちづくり研究会」を結成しているものです。

このグループは、生涯学習まちづくり全国大会を実施したこともあり、行政はもちろん地域の信頼を得てきました。今も代表的な活動として、生涯学習まちづくり研究会は定期的な学習を続けています。これまで地域の点検などをして、町民としての活動をしながらまちに提案するなど、活発な活動が継続されています。

名探偵コナンの像（北栄町）

◇福岡県筑後市の例

福岡県の南部、筑後市（土地の人は『ちっご』と呼んでいる）の郷土資料館の中に、創年のたまり場を設置し、史跡文化財案内ボランティアをしているのが、生涯学習グループTMの会です。もともと、まちづくりグループ「地域アニメーター」が集まり、「地域の史跡・文化財」を学びとして「市内の案内ボランティア」をやろうということで始まり、「学集会」を開催しています。キーワードは、「創年」で、毎月第一金曜日に集まり、それ以外は各自がテーマを持って研究しています。その成果を持ち寄り、創年の学ぶ楽しみを増やしているのです。リーダーの江里口充さんは、なかなか暇にならないようです。

◇転勤先にも仲間がいた!!

鹿児島の川内市で、仲間の学習コミュニティ「素敵工房」を楽しんでいた成田賀寿代さんは、ご主人が転勤で大津に行くことになり、大いに悩んだのですが、仲間の説得もあり大津市に転居しました。すると本部から連絡を受けた滋賀県の地域アニメーターの皆さんが、彼女の歓迎会を持ったのです。初対面ながら、地域アニメーター仲間と会った感動で、いまも滋賀県内で活躍、新たな地域にすっかり定着し、今では県の施設を民間指導者として委嘱されるほど、多くの人々と活動を楽しんでいます。

(5) まちづくりコーディネーターと旅のもてなしプロデューサー

まちづくりコーディネーター

まちづくりコーディネーターは、まちづくりの指導者で、地域アニメーターを支援する役割も担っています。当然それは、地域アニメーターを生かしつつ地域を活性化することです。まちづくりコーディネーターの構成メンバーは、創年が大半です。地域アニメーターの経験者や、教育関係者、観光事業関係者、ボランティアなど、地域のリーダーで、現場で実際に活動している人が多いようです。特に、常に地域活動や社会教育を実践している人が多く、他の自治体の研修会等の指導者になる人も少なくありません。地域に愛着を持ち、多くの経験をもつ創年の指導力が、まちづくりコーディネーターとして発揮されているのです。

活躍の場として、地域での認定資格を活用する場が配慮されている場合もあります。各自治体では、「生涯学習まちづくりフォーラム」や「生涯学習推進大会」など、さまざまな大会や研修会などが開催されていますが、地域アニメーター、まちづくりコーディネーター等、まちづくりボランティアには、これらの企画や運営に参画する機会が与えられている例が増えています。

着地型の観光の推進者・「旅のもてなしプロデューサー」

観光サービスに従事するスタッフには、職業としている人のほか、さまざまなボランティアも、もてなしの第一線で活躍しています。これからの地域と観光、ボランティアに共通のキーワードは、着地型観光の担い手です。「旅のもてなしプロデューサー」は、地域やボランティアの中心としてすでに活動しており、観光まちづくりのリーダーとして注目されています。今後の旅行は、観光ガイドによる旅の楽しみから、「地域の人々と文化にふれる創造の旅」が主流になると考えられています。

そのためには、まちづくりや地域文化を楽しむ、地域で旅人を受け入れる演出家（プロデューサー）を養成することが必要です。そこでこれらを総合的に学習し、地域のために役立とうとする人として、「旅のもてなしプロデューサー」の養成が必要となっています。

「旅のもてなしプロデューサー」は、いわゆる旅行先・地元で受け入れプランを立案して、客を迎え、接待する新しいタイプの旅のサービス・ナビゲーターです。地域の資源を駆使して受け入れのプランを立案し、必要な交渉、調整を行い、地域ぐるみで旅行者を受け入れる、総合的な演出スタッフでもあります。

（6）旅行介助士

いつまでも「旅や外出を楽しみたい」という気持ちは、高齢者や障がいを持つ人にとっては個人差があるものの、変わりはないものと考えられます。

今まで、高齢化による健康への不安を持つ人や、身体が不自由なため旅行や外出を諦めていた人に、外出できるという喜びと感動を伝え、それを世の中に広めてゆくことは、予防医学の視点からも大変重要なことと考えられています。

一方、ホテルや店舗などの施設や移動手段である鉄道など、高齢者や障がい者を受け入れる側にも、「介助技術」だけでなく、お出かけなどに対する配慮と「おもてなしの心」を得た「介助」と「旅」のプロの配置が求められています。そこで「すべての人に旅行をはじめ、外出を楽しむ権利がある」との観点から、安心して出かけられるよう「おもてなしの心」と「介助技術」を身につけた、移動介護支援や旅の専門家の養成が必要とされています。

旅行介助士のしごと

旅行介助士の「介助」は、高齢者や障がい者の方で、日常生活の動作は自分でできる人が、より豊かな社会生活を送れるよう支援することをいいます。高齢者や障がいをもつ人が、快適な希望ある暮らしをしていくため、すなわち、買物を楽しめるようなお手伝いをしたり、車いすを利用する方が電車に乗るのをサポートしたり等々、身近なところでお手伝いすることが「旅行介助士」の主たる役割です。

(7) 創年アドバイザー

創年アドバイザーとは、生涯学習を基底に、年金プラスαを目指して、その実現に向けた方法や実践などを指導する、創年の指導者です。創年の生き方をアドバイスする指導者を養成するもので、具体的には創年運動の推進など、理論と実践に役立てる指導者に対する認定資格です。養成講座を受講することが条件ですが、その修了者は、全国共通の「創年アドバイザー」(初級認定)として、全国生涯学習まちづくり協会から認定資格が与えられます

創年アドバイザーの役割

創年アドバイザーは、創年運動のすべてを企画・指導します。本書の中で、創年のあらゆる側面について述べていますが、創年アドバイザーは、地域の中心となって創年運動を推進していく人です。具体的には、「講座(創年市民大学等)の開設・運営・指導」を行います。全国生涯学習まちづくり協会本部と連携をとりながら、各地で「創年アドバイザー講座」を開設します。一部は、講義を担当することもあります。

「創年のたまり場の開設・運営指導」では、地域のたまり場を発掘し、創年のたまり場の意義を説きながら地域に開設します。また希望者を指導助言して開設を手伝い、その後の運営について助言をすることもあります。

6．年金プラス五万円作戦　創年の仕事づくり

『**幸せ**』**より**『**お金**』六十歳～七十四歳で増加。長い老後、思い切実」という記事がありました。博報堂総合研究所が六十～七十四歳を対象に実施した意識調査です。欲しいものは「お金」と回答した人が四〇％で、「幸せ」の一五・七％を大きく上回っています。「お金」は、一位の「健康」や二位の「安定した暮らし」に次ぐ三位だということです。「老後の生活の見通しの暗い状況で、現実的なお金を求める切実な気持ちがうかがえる」とまとめています。年金だけでは食べていけないという気持ちの表れでしょう。働く意欲のある創年には、就労の場があることが望まれます。無理のない範囲で働くことは、心身の健康維持に役立つものです。介護や子育て支援の分野での就労ならば、人材不足を補い、医療や介護の費用も抑制でき、社会全体のメリットも大きいでしょう。もちろん本人の生活が少しでも豊かになれば最高でしょう。そこで提唱するのが「年金プラス五万円」作戦です。

（1）創年は年金だけでは食べていけない

創年の働く機会

「定年後、年金で暮らしており、まだお金に困っているわけではないですが、せめて毎日何かしたいのです。

給料は要りません。何でもいいから自分の特技を生かして、手伝いをさせてください」という人もいます。一方で、定年後、「つつましい老後」になったと感じている人は七割に達しているといいます。夫婦二人暮らしで老後に最低限必要だと考える額は、平均月二十二万三千円で、ゆとりある老後を送るための上乗せが月十四万三千円と、つつましい堅実な考え方を見ることができるようです。⑩

お金でなく生きがいを求める人も少なくありませんが、できれば孫にお小遣いでもあげられる程度に収入があればいいけど、などと誰もが思っているのではないでしょうか。

創年は、「生きがい」や年金だけでは、生涯を食べていけないので、できれば仕事もしたいものです。また、給料ではなく何でもいいので仕事をしていければよいという人も多いのです。

東日本大震災後の不況が襲っていますが、国家的な補償はもちろんのこと、被災者の皆さんが何らかの仕事ができる場を考える必要があります。もちろん、仕事は作ることも考えるべきでしょう。ワークシェアリングで、仕事を分けることもあるでしょう。全国どこでも地域には、創年が活躍する場はなかなか見つからないという事情もあります。創年に今後期待されるのは、地域で働く場を考えることです。できれば年金プラスわずかの収入があれば最高ですね。そのためにはコミュニティビジネスの研究や資格の取得など、新しい分野に挑戦することも必要でしょう。

コミュニティビジネス

創年が生きるうえで、仕事づくりを研究する必要があります。自らの地域を元気にする住民主体の地域活動の一つに、地域の課題解決の過程において必要とされる事業をビジネス化している、いわゆる、コミュニティビジネスがあります。有料の観光ガイド、高齢者の給食配達、など身の回りの課題解決から生じたミニビジネスなどが、その例です。

先に紹介した「くらし協同館なかよし」の取り組みは、まさに地域の悩みを解決するために、有志の協力で生まれ地域に定着したものです。

全国生涯学習まちづくり協会でも、旅行業者と連携して「旅のもてなしプロデューサー養成講座」「旅行介助士養成講座」を実施しています。さらに各地の創年団体と連携し、協働して「年金プラス五万円」を合言葉に、仕事づくりに関する研修等を実施しています。

年金プラス五万円

全国生涯学習まちづくり協会では、会員の大半は創年であり、活発な活動をしています。会員の多くには、出来れば働きたいという希望があります。また、正規でなくても、臨時的にでも働く場があればと願っている人は多いものです。ボランティアとしてだけでなく、せめて小遣い程度でもあればいい、と考えているのが本音でしょう。年金だけでなく、五万円でも、毎月収入があれば、よりよい活動が出来る。さらに継続性もあるというわけです。

新しい創年時代を生きるには、年金だけでは生きにくい時代になりつつあります。だからこそ「年金プラス五万円」をめざす合言葉が、多くの創年に共感されているのです。定年になって、財布にゆとりがあるので余生は悠々自適に生きたい。誰もがそうありたいと願います。しかし実態はかなりかけ離れています。

例えば団塊世代が定年になり、世に出て生活をすると、地域の経済が活性化するなどと考えている人が多かったようです。筆者などはまったく正反対のことを考えていました。第一に団塊世代の多くの人々は、そんなにゆとりがあるはずがない。子どもがまだ大学に在学中、とか、娘が結婚を控えている、親が寝たきりである等々、金のかかる時代のはずですから。いわば創年時代の経済生活とはそんなものではないかと思います。生きがいを持って、意義ある創年時代を生きるうえで、働くこと、儲けることも必要です。そのためにも、創年が、いきいきと豊かに生きるうえで、仕事づくりを研究する必要があります。

本来、高齢者自身の働く意欲は高いものです。少子高齢社会が急速に進展するわが国においては、高齢者が職業につき、生産活動に従事し、社会に関わることが、社会にとっても不可欠となっています。このため多くの自治体では、臨時的、短期的な仕事を委託することや「シルバー人材センター」を設置するなど、さまざまな対応策を講じています。

(2) わが国の高年期の雇用事情

働き手人口八千万人割れ

総務省が二〇一三年十月一日時点の推計人口で、働き手の中核となる十五～六十四歳の生産年齢人口が、三十二年ぶりに八千万人を割ったというニュースがありました。将来的にはわが国は労働者不足となり、その対応に、今後、高齢者と女性の社会参加に期待があることも話題になったようでした。しかし将来は、外国人労働力にも頼らざるを得ないということもあるそうで、わが国の経済社会に働き手不足が影を落としそうというのです。創年の出番が広がっているということです。

高齢者ニート　眠れる宝

ポーラレディは定年のない個人事業主だというそうです。全国に約十五万人中、八十歳以上が約五千人もいるというのは驚きです。むしろ成績がいいのでしょう。

調査によると六十歳以上の三人に一人が「望ましい退職年齢」を七十歳と考えているという結果が発表されていました。実際はまだまだ戦力となっているということでしょう。高齢者で仕事をしない「高齢者ニート」は眠れる宝と言われているようで、その気になれば、今後働く場はかなりありそうだという期待が広がってきます。⑫

働く高齢者が増えている

六十五歳以上の就労者数は、二〇一三年に六三六万人。前年比七％増、就業者全体に占める割合は一割を超えていました。高齢者雇用では日本は欧米に先行しているそうです。

働く高齢者が増えれば、人口減の影響を補い、経済の成長ができるほか、社会保障も安定するというわけで、わが国は高年期の雇用を増やす方向です。

高年齢者雇用安定法（二〇一三年四月に改正）を背景にして、六十歳以上の高齢者の継続雇用を企業に求めています。この動きが六十五歳以上の雇用増につながっています。日本では六十五歳以上の人口のうち就業している人や、働く意欲のある人の割合（労働力率）は二〇〇〇年時点ですが一九・九％で、先進国では最も高い結果を示しています。まだまだ伸びる日本の姿が、ここにあるのです。

高齢者活躍へ企業助成

六十歳以上の起業を後押しするために「生涯現役起業支援助成金」が設けられています。サラリーマンが退職後も、豊富な経験を仕事に活かす機会を増やすことを目指したものです。高齢者が働く場を見つけやすくするため、厚生労働省が公益財団法人「産業雇用安定センター」に人材バンクが設置されています。退職予定者は、自己の資格、能力、就職を希望する業種などを登録すれば、高齢者を採用する企業はリストの中から、面接を経て求める人材を採用する仕組みです。こうした制度を活用することも考えてみる必要があります。

(3) 仕事づくり(コミュニティビジネス)の施策

仕事をはじめようと思ってもなかなかうまくいかないものです。とりあえず、まず学習をすることを勧めてみたいと思います。仕事づくりに関しても、はじめはやはり、学習が不可欠です。具体的に何をすれば良いのか、筆者も、いくつかの例を見てきましたので、身近なところで成功していると思われるものについて、いくつか紹介してみます。そして、事例を見ながら、そのポイントを考えてみたいと思います。

各地で見られる成功事例、さらに筆者が、実地に調査し、体験した事業や報告事例等をもとに検討すると、次のような成功事例に見る具体的な共通する点が見られます。これらは、コミュニティビジネス推進施策の方法とも考えられます。

ア 資格取得にかかる事項の学習

取得にかかる学習は、専門の機関で実施することが基本ですが、その他で行う場合は、講座等の形式で実施することが考えられます。その場合、就職、職業に導く内容をプログラムに位置づけることです。たとえば実施団体との連携による実施を前提に、資格取得に関連ある科目を設定することなどが必要です。

イ　市民大学などのプログラムに位置づける

魅力ある市民大学にするためにも、学習プログラムに資格取得につながる科目などを、設定することが効果的です。志布志創年市民大学の場合、地域アニメーター認定資格取得につながる科目も組み込まれており、科目終了とともに資格取得できることになっています。今後、もっと積極的に検討する必要があるでしょう。

ウ　企業と連携した事業（教育委員会事業）

教育委員会事業として仕事づくりに関する事業は、現状ではあまり行なわれていないでしょう。実際は、もっと積極的に仕事づくりの事業があってもよいのですが、教育委員会としては、経験もなく困難が予想されます。もし、実施するとしても実施が困難な場合には、関係する企業、団体等と連携して企画し、職業に関する学習、就職に有利な科目等を、学習できるようなプログラムを用いることが考えられます。

エ　コミュニティビジネスの研究

教育委員会事業として、コミュニティビジネスの研究を進める事業を企画することもあります。学習者は、自主的に終了後の学習により、自立する学習を継続することもあります。指導者の継続的な助言を得て、製品を作る、販売するなど実現した例もあります。起業については、資金の調達方法、マーケティング、会社設立のノウハウなどの実務的な知識、実現までの手法が必要で、学習が不可欠です。

オ　ＮＰＯ・団体等と連携した事業

行政の実施が困難な事業については、ＮＰＯ、団体等と事業を共催するなど連携して実施することが可能です。ＮＰＯ法人全国生涯学習まちづくり協会と連携して実施する「旅のもてなしプロデューサー」養成講座などがあります。

教育委員会以外の行政機関で行っている場合

教育委員会以外の行政機関等でも、連携して仕事に関する事業を実施している例は、数多くあります。連携を前提として、各機関を含めるとさまざまな連携先があげられます。多くの連携先と連携内容例を、表に示してみます。

企業と連携する事業等　連携先と連携内容

連携先	主な連携内容
21 世紀職業財団	労働相談、再就職セミナー、 キャリアアップセミナーの共催等
女性団体	フェスティバル、シンポジウム、講座、 セミナーの企画、運営の委託
ハローワーク	求人情報の提供、セミナーの講師派遣
商工会議所	企業支援セミナー、就職に関するセミナー
大学	共同研究、フォーラムの共催、出前講座
教育委員会	女性学、育児、教育などのセミナー、 相談機関連絡会
保健所等福祉 関係機関	相談機関の連絡会のメンバー
商工関係部局	起業支援セミナー、就職関係のセミナー、 フェアの開催
労働関係部局	就労関係セミナー、 スキルアップ（パソコンなど）セミナー
企業	シンポジウム、講座開催の協力、 女性の能力開発、起業セミナー
ファミリー サポートセンター	子育てに関するセミナー、 保育サポーター養成講座
労働局雇用均等室	再就職セミナー、労働相談、両立支援セミナー
公民館	各種講座・セミナー

魔女の直送便

新潟県小国生まれの相波葉子さんは、平成十三年八月、山野草会を結成しました。空き地に野菜を栽培し、農家の主婦たちをまとめて、地域の野菜をまちに売り出しています。名づけて「魔女の直送便」。魔女たちは素朴な農家の主婦たちですが、若い嫁たちにも負けないさまざまな活動を行っており、いまや地域の活性化のリーダーにもなっています。

小国山野草会は、スローガンに「友達づくり、いきがいづくり」をかかげ、四季の山野草展示会、わら細工、つる細工などさまざまなイベントを企画しています。展示会から発展して夏野菜、秋野菜などを発売したのが「魔女の直送便」となりました。栽培と直販がヒットしました。安全安心の野菜づくりが自慢です。

活動資金づくりのため「畑発ひなたライブ」も開催しました。そのほか時間を見て、書道教室、小学校の学習ボランティアで書写の手伝いなど、相波さんの計画表はびっしり日程が詰まっているようです。新潟の震災から完全に立ち上がった、たくましい創年女性の姿があります。

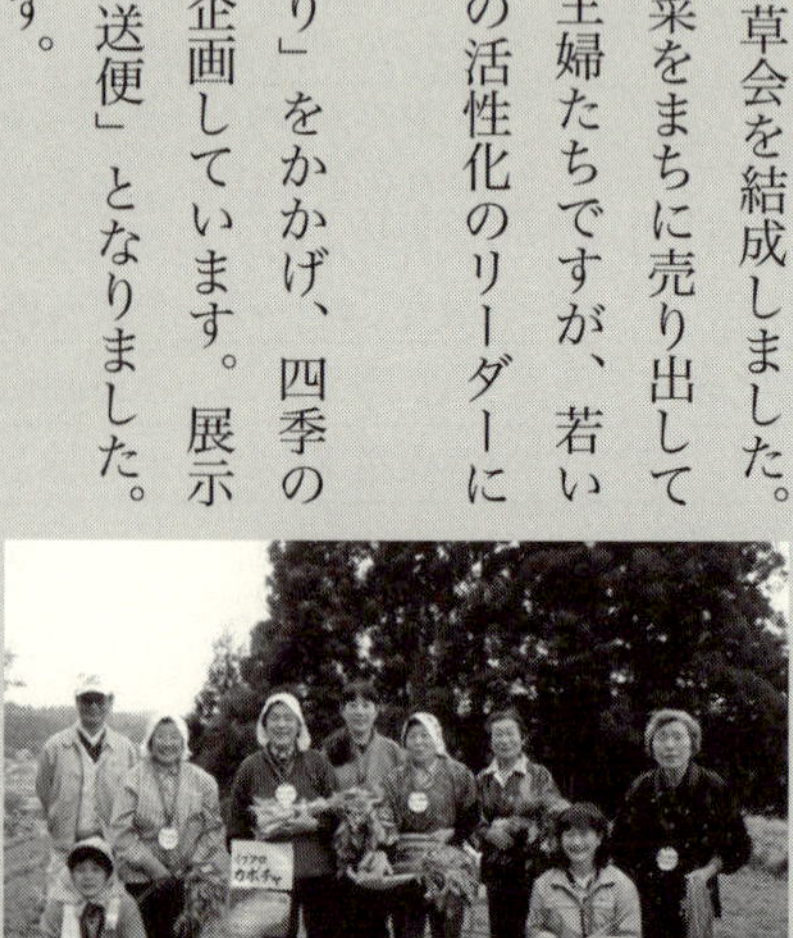

（4）資格の活用

資格取得は自己実現への道しるべ

資格を取得して、仕事に就くというのがもっとも一般的です。当然なのですが、実際は資格を取得しても必ずしも仕事につながらない場合が多いのです。

日本の資格は、三千以上あるといわれています。国家資格十一省庁で二九七、各団体の検定試験や、民間資格、採用資格、など雑誌等の掲載数でも一，一六五あります。このほかにも、民間団体の資格もあります。民間の生涯学習専門の会社として、通信教育やカルチャーセンターなど、職業資格に関する企業として、「生涯学習ユーキャン」「リーガルマインド」などが広く知られています。

資格取得は、学習者にとっては、自己実現への道標でもあります。成人は、自己評価とともに客観的評価を好むといわれています。「資格」はまさに、客観的な評価そのものです。資格は、ある一定の成果を保証するものでもあり、中にはこの資格が職業の最低資格となる場合があります。もちろん資格取得は、学習への意欲の向上、深化に役立っているので、多くの資格取得を楽しんでいる人もいます。いわば、これは自己評価としても満足感をもたらしているのです。

取得資格の活用

意義ある創年時代を過ごすためには、生活の安定が必須条件です。多くの創年たちは子どもの学費や、結婚式を控えているなど、それほど経済的にゆとりがあるはずがありません。ボランティアといっても限界が目に見えています。創年は生きがいだけでは生きていけません。できればより生活を豊かにするために現金収入の道が開かれることもいいでしょう。そのために取得資格をもう一度点検してみましょう。

創年の働く機会を拡充する手段として、「資格取得」が考えられます。例えば「地域アニメーター」「まちづくりコーディネーター」の資格によって、地域で、独自のまちづくりコンサルタント・研究所として独立してNPOなどを立ち上げている例もあります。

これまで人は、職業を通じていくつかの免許・資格を取得しているものです。中には数多くの資格取得に挑戦する人もいるでしょう。就職に関しては、有利です。例えば次の点が考えられます。

ア　会社では、昇進が早くなり、昇給に結びつく
イ　これから就職を考える場合にも、転職に有利であること、ダブルビジネス（人生多角経営）で副収入が得られ、サイドビジネスで副収入が得られること、フリーランサーとして成功するのに役立つことなどが考えられる
ウ　個人には、自己啓発になること。生活の不安が解消できる
エ　創年にとっては、定年後の生活設計に役立つ
オ　不況・インフレに強く、脱サラが有利にできる
カ　キャリアウーマンへの道を与える

（5）社会教育から生まれた事例

社会教育が関わった職業（仕事）づくりで生まれた事例は、多くはありませんが、いずれも地域に雇用の場を生み出すなどの効果を上げています。筆者が関わったなかから代表的な事例を分野ごとにまとめてみました。

社会教育が関わった職業（仕事）づくりで生まれた事例

分　野	具体的な内容	特　色	事　例
特産品づくり	嘉例川駅弁当	地域の特産品等により駅弁などを作り発売	嘉例川駅弁当（霧島市隼人町）
	市民大学「焼酎」の生産。販売	焼酎の全工程を学習し生産する	志布志創年市民大学（志布志市）
コミュニティたまり場	日曜ふれあい市	空き店舗を活用して、会員が、手作りの商品を出店する	志布志創年市民大学
	ふれあい喫茶店	地域の人々のたまり場として、仲間で出資して店を運営する	「めだかの相談舎」（千葉県神崎町）
趣味特技	菜園を活用して食品を販売	公民館の学習から趣味の菜園を企業化し、野菜等を販売	「魔女の直送便」（十日町市）
	インターネット	ホームページ作成などによって地域のネットワークを構築	
	広告チラシ作り編集	趣味の特技を生かして、商店街等の広報を作成している例	
仲間と共同で会社づくり	仕出し会社	地域の食材を工夫してパーティー等の出前会社を企業化	「わいわいアトリエ」（霧島市隼人町）
	レストラン運営	簡単な惣菜から昼食などのレストランを経営する	
介護福祉代行	買い物代行など	福祉事業として地域の高齢者対象に買い物代行を企業化	
教育・子ども対象事業子どもの教育	子育て支援	若い子育て中の母親を対象に子育て支援を企業化	
	学習塾	地域の創年たちが、特技を生かして地域で開設している	
管理代行	施設の指定管理受託	まちづくり研究会が、地域の施設運営を管理している	北栄町アニメーターまちづくり研究会（鳥取県北栄町）
	環境整備	公園管理等の委託を受けて収益を上げている	立川市大山団地自治会

参考文献等

①認知症介護研究・研修東京センターの本間昭センター長
②一〇〇歳まで楽しむ時代が来た。週刊朝日　大研究シリーズ「ボケてたまるか」を特集。二月五日号
③白澤卓二「一〇〇歳までボケない一〇一の方法」
④東京都老人総合研究所の調査
⑤志布志市創年市民大学開設要綱
⑥昭和二十七年十一月四日　日本経済新聞夕刊
⑦文部省生涯学習審議会答申（一九九二年）
⑧厚生省中央社会福祉審議会意見具申（一九九三年）
⑨生涯学習審議会答申「学習成果を幅広く生かす」生涯学習審議会答申（平成十一年六月）のなかでも、「地域アニメーター」、「まちづくりコーディネーター」の活動について、「学習者にとって資格取得が地域での活動を促進し、その活動が新たな学習への意欲を生み出し、さらに高度な学習へと発展していく好ましいサイクルが展開している例」として、紹介されている（詳細は別項）
⑩財団法人生命保険文化センター「生活保障に関する調査」（平成二十二年）

Ⅲ部　創年のまちづくりへの参画

創年が活動するために準備したい居場所として、まちにあるさまざまな「創年のたまり場」があること、創年の仕事について述べてきました。ここでは、「コミュニティ形成」「観光まちづくり」をベースに、創年にとってのまちづくり参画について考えます。

1. 事例　過疎地の無人駅が輝く（鹿児島県霧島市隼人町）

ＪＲ肥薩線の嘉例川駅は百二年前の九州一古い駅舎です。この駅が、注目の豪華列車「ななつぼし」のコースにもなるという人気駅。嘉例川駅は、鹿児島県霧島市隼人町の無人駅の一つです。住民約二百人の小さな集落の無人駅で、かつて一日の乗降客が二人と揶揄されたものです。その駅が全国で「訪ねてみる価値のある駅ベスト十」の第三位（日経新聞 平成十九年五月）にあげられるほど有名になり、九州新幹線の開業に合わせて南九州の特急「隼人の風」が、嘉例川駅に停車するようになりました。今では、週末に多い日には一日で数百人近い人が訪れる人気駅になっているのです。名物駅長は九十歳をこえるボランティア、福本平さん(平成二十七年故人)。

嘉例川駅前には、自治公民館や、農産物販売所「ふれあいの館」も設置されています。販売所は二日間で売り切れる繁盛ぶり。「毎日開店するわけにはいきません。この地域のお年寄りが作ったものを売っているのですから、売れるだけの物しか作れません」と売店を

支える地元の主婦たちは言います。

町内で惣菜業を営む山田まゆみさんが売り出した一個千円の駅弁「百年の旅物語」「かれい川」は、平成十九年度から連続でJR九州でも人気ナンバーワン弁当です。山田さんの人生も一変し、毎日、多くの訪問客・観光客に心を込めた弁当を提供することから、地域貢献を肌で感じる毎日です。今では郷里の観光を担うエースとも言えるようになっています。

何もなかった駅前の、住民の手による農薬の肥料倉庫を改造した「嘉例川小さな博物館」は、昔の農具や生活用品などを展示し、無料で開放するという素朴な手づくりの施設です。

きっかけは創年の学習

この過疎地を活性化させ、その契機になったのは、公民館事業であり、住民の学習でした。平成三年ごろ、エコミュージアム研究会を立ち上げたことに始まりました。同志を集めてまちづくり研究やエコミュージアムを研究、実践しようと町民にまちづくり参画を提唱したのです。地域の高齢者たちは、地域活性化委員会を組織して、地域の集会所等の場としても機能する駅を中心に、地道な活動を続けてきたのです。

嘉例川地区が成功している背景　住民はどうなったか（現状の評価）

嘉例川駅の活性化には、行政が直接に予算をつぎ込んだわけではなく、まさに住民の、長年の学習成果が実ったということができるのです。いつもの通りの駅との付き合い方で、決して背伸びしたわけではありません。なんとなくゆとりを感じさせます。そのゆとりはどこから来るのか。それが生涯学習の成果ではないかと思われます。

過疎地域活性化のヒント

嘉例川地区の取り組み内容は、どこでも実施可能なことであり、身近な活動であると言えるものです。嘉例川地区の例は、人口、資源、予算など何もない「無の状況」から、地域資源を探し活用するという住民の活動によって、地域の活性化に成功した例です。ここには、過疎地域を活性化させるための、さまざまなヒントがあります。

その一つ、この活性化の活動には、地域資源を探し活用するというほかに、他領域、他地域の人材など幅広い分野の人々が関与していること、地域全体を巻き込む活動であることのほか、次のようなことがあげられます。

・嘉例川駅が創年のたまり場になっていること
・弁当を作ったのは、公民館事業の一環で、「儲ける生涯学習」の実践結果であること
・地域アニメーター講座の研修から生まれたものであること
・地域には、空き家活用の試みがあること
・地域の人材が育ち輝いたこと

この活動には、創年活動を実践している山田まゆみさんはじめ地域の人々、役場から事業を、公務員の立場から、住民の立場から、全国生涯学習まちづくり研究会の一員として目立たず支えてきた山内庸子さんが尽力しました。嘉例川地区の取り組み内容は、日常的な学びが基礎になっています。これらはすべて市民、創年の活動であり、コミュニティの楽しみ方、活性化等、いわゆる地方創生のあり方にもヒントを与えているようです。

こうした取り組みはどこででも実施可能なことであり、身近な活動と言えるものです。ここには、過疎地域を活性化させるための、さまざまなヒントがあります。本書で述べるあらゆる要素は、この嘉例川駅に凝縮しているようです。これらがまちづくりの側面として注目されるところです。嘉例川地区の取り組みは、人口が増えたわけでもないのですが、地域に誇りを持ち、役割を実感する住民たちは、それもまちづくりと感じているのです。

2. 都市では、コミュニティの形成

(1) コミュニティの形成がまちづくりの目標

人口が多く都市化して賑わいがあっても、人々の市民意識の低いまちならば、単なる住民の集合体にすぎません。都会の中で人間関係が薄く、自己を見失いがちな殺伐とした生活をしている今日の大都市の状況は、地域が活性化しているとはいえないのです。あくまでも市民が中心で、地域の生活を楽しみ、助け合う市民生活ができるまちを目指すことが、生きがいを持てるまちづくりにつながるのではないかと思われます。

人間味ある、信頼しあえるまちの基礎的な要因である「コミュニティ形成」が、これからもまちづくりにとって大きな目標になると思われます。現に多くのまちにおいても「地域づくり」「コミュニティ形成」は、今日、最も重要なまちづくりの課題としてあげられています。より具体的な目標として「自治会組織の確立、充実」「地域の教育力の向上」「道義高揚のまちづくり」などの目標が、いずれもコミュニティ形成という目標に含まれて、掲げられているものです。

（2）創年の力、社会貢献でコミュニティの回復を

大都市では、地縁が薄れ、孤独死が増えているという課題が深刻になっています。都市のまちづくりの目標は、都市計画や、都市再開発計画、道路基盤整備などハードもありますが、「コミュニティの形成」などのソフトづくりが、いまやより重要な目標になっています。そのために学びあう縁に「学縁」「知縁」があります。仲間同士、隣近所ではないにしても強い絆が育つ場合があるのです。講義後、お茶でも飲みながら、より積極的に仲間としてつながっていく場合です。これがいわば「学縁」「知縁」と呼ばれるものです。こう考えると、市民講座など地域での生涯学習の場は、コミュニティ形成に効果があるようです。同様に同じ志で集まっている場合は、「志縁」というわけです。

このように、お互いに学びあうことは、地域の人々の交流と共通理解を生み出すものであり、コミュニティ形成のうえで最も効果があるといわれています。生涯学習が、まちづくりに効果があるといわれる所以です。

（3）「職縁社会」から「好縁社会」へ

別な視点から考えてみましょう。例えば、現代の多くの人々は、会社や役所など、いわば組織の中で仕事をしてきました。こうした人は、組織を離れてみると、相互に話し合う仲間も機会も共通の話題も失ってしまう傾向

があります。

戦後日本の特徴として「職縁社会」が続いてきました。そして退職後も職場の縁が続き、再就職まで続いた仕組みがあったのですが、現在では崩れているといわれています。そこでこれからは、今までの職場と関係なく生きることが必要であり、自分で活動する相手を探し選ぶことが求められます。さらに「好き」が重要となる「好縁社会」の必要性も説かれています。「創年」には、これまでの、縦のつながりではない、横のつながり、社会の連帯こそが強く求められてきます。

◇創年コミュリーマン

現役世代のサラリーマンたちが、地域の活動に参加し始めたと言われています。既存の自治会ではなくて、交流サイト（ＳＮＳ）で情報を得て活動していると言います。地域コミュニティに参画するサラリーマンは「コミュリーマン」と呼ばれ、新たな地域活動の担い手として創年コミュリーマンの活躍が期待されます。ツイッターでつながった事例も多く、地元の酒飲みから、地域活動に発展し、ごみ拾い運動や、自由な活動を楽しむ会に発展していることもあるようです。

3. コミュニティの回復へ町内会・自治会の活動

(1) 町内会・自治会の意義と特色

自治会・町内会の特色

町内会・自治会は、日本中、どこでも存在し、日常生活の場でさまざまな活動を展開しています。市民にとっては、最も身近な組織であり、相互理解、協力、支援、安全安心の生活には不可欠な集団といえるでしょう。町内会・自治会については一般に次のような定義が知られています。

「原則として、一定の地域区画において、そこで居住ないし営業するすべての世帯と事業所を組織することをめざし、その地域的区画内に生じるさまざまな(共同の)問題に対処することを通して、地域を代表しつつ、地域の(共同)管理にあたる住民組織」です。①

本書でも、この考え方で「町内会・自治会」を捉えていますが、ほぼ同じ範囲を想定して「コミュニティ」に言及しています。町内会・自治会の特色は、居住地の「地縁」に基づいて成立するということです。原則として全世帯(全住民)で構成され、脱退加入は自由とされています。そのため未加入の人も多く、それが町内会・自治会の悩みの一つとなっています。特に都市における生活では、災害時や渇水時に地域の連帯不足を痛感することが少なくありません。困ったときに助け合う人間関係が希薄なことが、人々を苦しめるということです。やはり、地域での生活は、お互い様の関係で成り立っており、そこに地域組織へ加入する意義があるというわけです。

より良いコミュニティが人々の悩みを和らげる

町内会・自治会は、煩わしいという人も多いようです。町内会への出席が少ないことや、会費の未納者、ゴミの分別などの約束を守らない人もいます。マンション住民の中には、あいさつさえしない人も少なくありません。また、どうしても町内会・自治会では活動できないという声もあります。しかし町内会・自治会の意義は想像以上に大きいものです。

不幸にして東日本大震災・福島原発の事故によって、まち全体が他の地域に避難を余儀なくさせられた人々は、その際にも、できるだけ、同一地域の人々が同一場所に避難できるよう希望しました。身近な人びと、親しい人びとの集まりは、人々の不安や、ストレスを軽減することに効果があるとされたからです。

大震災にも整然と過ごした人々を見ると、東北や熊本の各被災地にはコミュニティがあったということを証明しています。阪神淡路大震災のときもあったように、町内会のしっかりした地域は、死傷者も少なく、また立直りも早かったし、被災後の人間関係もより強まったということが知られています。地域の防災においても、快適な生活のためにもコミュニティは不可欠なのです。

本来、町内会・自治会は、どのような役割を果たすのか。内閣府の調査によるとさまざまな役割が知られていますが、最も多いとされたのは次のような項目でした。一目でその必要性が理解できます。

ア　住民相互の扶助や住民自治の拡充のため
イ　地域のまちづくりを進める主役
ウ　コミュニティ組織の中核的な主体として
エ　防災活動や地域の安全確保の担い手
オ　地域の人々の親睦や精神的なまとまりのため
カ　行政の計画・施策に住民の意見を反映させるため
キ　行政からの事務連絡のため
ク　環境美化・環境保全のため
ケ　廃棄物・リサイクル活動の担い手
コ　地域福祉の担い手　②

（2）孤独死ゼロの秘訣　町内会・自治会の運営と元気の秘訣

「半径十メートルの人間関係」と「あいさつ」と「名前呼び」

町内会は、まず名前を呼び合えること、これができていればかなりの町内会です。名前を暗記することではなく、日常的に「声かけ」をしていることを意味しているからです。そして、これらが実践されていることが、「コミュニティ」なのです。「最近では物忘れが激しくて、特に人の名前が出てこないよ」などといわず、努力しませんか。

自治会と地域の活動団体との連携は、孤独死を防ぎ、子どもたちを支えるまちづくりの有効な取組みです。また、町内会・自治会と地域の機関・企業などとは、日常的な協力関係にあることが不可欠です。立川市大山自治会が、東日本大震災の被災者を団地に受け入れたとき、多くの義捐品が集まってきました。スーパーマーケット、電機メーカー、販売店、農園、衣料品店、理髪店、美容院、八百屋など、商店街ぐるみの協力ができました。これも日ごろからの連携が功を奏したものでした。そのほかにも、新聞配達や電力、ガス、水道といった地域に出入りする企業に協力を依頼して、集合ポストに郵便物が溜まっていないか、洗濯物は干しっぱなしでないか、など、地域の高齢者を見守る目を増やしているものです。そのほか電力会社やガス会社など企業にも協力を依頼して、使用量が極端に減ったら、自治会へ問い合わせてもらうことにしており、その工夫が参考になります。

（3）事例　立川市大山団地

自治会、商店街でまちづくり

東京都立川市大山団地自治会。構成員は、団地内に居住する全世帯（世帯数一千二百、人口三千人、二十四棟の集合住宅）となっています。

自治会加入率も一〇〇％　孤独死ゼロ

いま、東京では、町内会、自治会の加入率は五〇％という地域が多い中で、大山団地は加入率一〇〇％という注目の自治会です。また、東京の孤独死が年間約四千五百人に対し、七年間孤独死ゼロというのも、奇跡に近い実績を誇っています。団地内の不法駐車も皆無ということは、よほどのまとまりのある団地自治会なのでしょう。

世代別役員構成などで、自治会運営を活性化

一般になり手がいないといわれる役員には、前・佐藤良子会長を中心に、各世代の役員が選出され、独自の自治組織を誇ってきました。自治会は、毎月一回程度、定例の自治会役員会を開催し、役員間の情報交換で、情報の共有化に努めています、住民から事前に出された要望についての協議を徹底して行っています。女性会長のきめ細かな配慮が活かされていました。

住民の登録の義務（名簿登録の義務）

前会長の佐藤良子さん

多くの自治体では、町内会といえども個人情報保護の立場から、名簿作成もできないというところが少なくありません。大山自治会の住民は、いつどこで倒れても即座に対応できる情報システムがあります。大山自治会では、非常時に備えて全住民の家族構成や連絡先を自治会名簿に登録しています。高齢者の名簿を作成し（六十五歳以上、現在八百二十人）、民生委員との連携や、いざという時の連絡先の登録、特に、独居者に対する親族への連絡先などを管理しています。また車両（自転車も含む）、動物の飼育登録も住民として登録することが義務となっています。

多彩な事業展開とボランティアの活躍

団地町内会では、運動会や夏祭りなどの行事を実施しています。さらに駐車場などの管理を受託するなどによって自治会の資金を得る工夫も見られます。また、毎月のように、葬儀も団地内で行われるようになっており、団地主催の葬儀により、住民の負担軽減（五万円で実施）になっています。これらの諸事業には、中高校生を含めて多くのボランティアが活躍しています。

4. 世話焼き（縁のある）社会

（1）コミュニティの課題解決のために

創年の「年金プラスα」の可能性は、日常生活でよく目にする場所にたくさん見つけられます。その可能性に息を吹き込むのは、コミュニティの力です。コミュニティとまちづくりの関係について考えるとともに、そこに生涯学習を通じて参加していく方策を考えていきます。

おせっかい屋の復活

ＮＨＫ朝のドラマは、十五分ながら一日の生活に明るさと大きな張りを持たせてくれます。こう言うとドラマの制作者を喜ばせるためと思われるでしょうが、事実そう思える内容なのです。「あまちゃん」「マッサン」「朝が来た」「とと姉ちゃん」など、これまでの朝ドラには共通する点がいくつもありますが、主役が明るいということ、素敵な高齢者がいること、口やかましくないやさしい母親がいること、そして周囲の人々がいつも子どもや周囲をあたたかく見守っていること、そしていつも特定の場所に集まっていること、異年齢の人々が肩を寄せ合い助け合っていること、さらにいつも近所の世話焼き屋がいっぱいいること、などが共通しています。これはそっくり、現代社会に欠落していることばかりです。ドラマの世界とは言え、いつもほのぼのとした気分になるのはこのためでしょう。地域の創年たちが世話焼きであることを期待したいのです。今一度、世話焼き人間の一人になりたいものです。これが創年に期待されることではないかと思います。

町内会や自治会は、まさに最も身近な社会であり、個性が輝かなければならない場所なのです。そんな世話焼き団地が、大山団地のように都会にも実現しているのです。

日本おばちゃん党

隣に困った人がいたら助けてあげる、誰かのために労をいとわず何かをしてあげる。そういったおせっかい感や他者への配慮を「おばちゃん」という言葉に込めているものです。反対に「ありがとう、ごめんなさい、おめでとう」をいえない人たちが「オッサン」「オバハン」と言うわけです。世話好き過ぎるのも困りますが、今では貴重な存在なので、オバちゃん党が増えていくことが重要です。

隣に住んでいる人もよく知らない。もちろん子どものことも知らない、などかつての地域の人間関係も大きく衰退していることが指摘されています。これが地域の安全な生活の上でも一つの欠点です。世間では、いわゆる大人のおせっかい屋が減っているようです。他人のプライバシーを大切にすることはもちろん必要ですが、無関心であればいいというわけではないはずです。

かつては、近所の娘さんの見合い相手を世話するのが好きなおばさんがいたものです。最近ではめっきり世話好きが減ったような気がします。創年には、おせっかい屋の資格のある人が多いのではないでしょうか。そのためには地域に関心を持つということが必要です。もちろん年配の人ならば現代の人を知るということも、大切な学習課題でもあるはずです。③

子育て支援

若い母親たちは、子育てにおいて、特に周囲との人間関係の希薄さを痛感するといいます。核家族や周囲の人間関係によって孤立し、一人で悩む母親が増えています。自治会には、育児に困っている家庭を発見することや、相談できる温かい人間関係、システムをつくることが期待されます。そのためにも創年の応援が不可欠です。

高齢者を支える

わが国は二〇二〇年ごろから高齢化率二五％に達し、四人に一人が六十五歳以上という高齢社会になると推定されています。その頃は後期高齢者が増加しますが、同時に寝たきりや、認知症などの高齢者が増加することが予想されます。中には家庭内虐待を受ける人や、買い物にいけない人なども増加することが予測されます。

そこで町内会・自治会は、対策の工夫が求められます。高齢者への福祉活動とともに、高齢者が主体的に役割を作れるように仕事づくりやいきがいづくりを積極的に支援することも必要でしょう。高年期の仕事は単純作業が主流ですが、今後は、長い人生で蓄積してきた知識、技術経験を生かす多様な仕事づくりも期待されるでしょう。

（2）新しい「縁」を作る必要　無縁社会をなくす

東京では男性最高齢百十一歳とされていた人が、実は三十年前に死亡していたことが発覚したことがありました。これをきっかけに所在不明の高齢者が全国津々浦々で発覚したことがありました。家族にも見捨てられ、孤独死したのか、あまりにもさびしい話題が、多くの人々を暗くしました。いわゆる「無縁社会」が、話題になってしまいました。万一に備えて地域の絆を深めておかなければなりません。行政による「公助」と市民による「自助」、そして双方が支えあう「共助」の意識を高めることも必要です。これがいわゆるコミュニティの力です。そして、これが大都市におけるまちづくりの一つの目標であり、具体的な形といっても良いでしょう。さまざまな危機の状況を経験したと思われる創年が中心となって、地域の安全、安心を考えていくことが必要です。

障がい者を支える

高齢化の進行とともに、何らかの障がいを持つ人が地域に増えています。わが国の障がい者数は身体障がい者、精神障がい者等、およそ四百五十万人に上るという推定もあります。またストレスの増加により、心の障がいを持つ人も増えており、国民の三十人に一人が何らかの障がいを持っているということになります。町内会としてもボランティア活動や、これらの人々を日常的にサポートしていく体制を作る必要があります。いずれも自分のこととして、きわめて身近な課題だと思われます。

若者を参画させる

高校生や大学生の協力で町内会・自治会のイベントを成功させている例があります。多くのイベントが、若者たちにチャンスを与えることに効果があるようです。活発な町内会・自治会では、若者が参加している場面を見る機会がありますが、いずれも地域イベントにおけるまちづくりや模擬店、スポーツレクリエーション大会、さらに子ども会活動の指導などが大半です。いずれも、若者ならではの出番が中心となります。地域において、内容に応じて、中学生、高校生に協力してもらうイベントもできるだけ試みてみたいものです。若者が参加する地域イベントは、それだけで地域が元気になるものです。

地域の絆で防災力を高めたい　都市におけるまちづくりの課題

無縁社会が問題になっていますが、万一に備えて地域の絆を深めておかなければなりません。行政による「公助」と市民による「自助」、そして双方が支えあう「共助」の意識を高めることも必要です。これがいわゆるコミュニティの力です。そして、これが大都市におけるまちづくりの一つの目標であり、具体的な形といっても良いでしょう。

様々な危機の状況を経験したと思われる創年が中心となって、地域の安全、安心を考えていくことが必要です。

地域の新たな課題　外国人の増加

住民の活動には、最近では、さらに新たな課題も提起されています。首都圏では公営団地暮らしの外国人が急増しています。団地は安くて快適という評判と、空き室が増加という理由もあります。全国の公営住宅では、外国人のいる世帯は六万九，七二五世帯で、二〇〇〇年比では二五％も増えています（二〇一〇年国勢調査）。千葉県でも県営住宅に、外国人が平成十二年三月末には七百二十世帯で、団地住民としては八〇％も増加しているそうです。このように外国人が増えてくると、生活習慣の違いなどの理由から、マナーやルール違反の事例も増え、外国人に対する風当たりが強くなっています。

今後、外国人は、ますます増加するものと思われますが、団地が抱える課題は、今後は全国的な傾向になると思われます。そのためにも、いまから外国人との共生を考えることも必要でしょう。言うまでもなく、町内会・自治会に積極的に関わることが大切です。そのために、各世帯の生活形態や、プライバシーに配慮しつつ、価値観を押し付け合わないこと、役割分担には、実際の活動家である女性たちも位置づけること、防災や子育て支援など、互助の体制をつくっておくことなどの配慮が必要です。

5．生涯学習がすすめるまちづくり

（1）生涯学習とまちづくり

生涯学習とは

「生涯学習」いつも耳にする言葉ですが、本当はどういうことなのでしょうか。

生涯学習は、自己の向上と、生活の向上をめざす学習です。生活のあらゆる領域であらゆる時間にまたがって行われているものです。その内容は、当然のことながら市民生活のすべての領域にわたる内容が考えられます。

生涯学習は、次のように表すことができます。

1　生涯学習は、生活の向上、職業上の能力の向上や、自己の充実をめざし、各人が自発的意志に基づいて行うことを基本とするものであること

2　生涯学習は、必要に応じ、可能なかぎり自己に適した手段および方法を自ら選びながら生涯を通じて行うものであること

3　生涯学習は、学校や社会の中で意図的、組織的な活動として行われるだけでなく人々のスポーツ活動、文化活動、趣味、レクリエーション活動、ボランティア活動等の中でも行われるものであること

創年が関わる活動「生涯学習まちづくり」

「生涯学習まちづくり」とは、広い意味では「地域全体で取り組んでいる生涯学習推進の体制づくりや環境づくり」全体を意味しています。これは、いずれも教育委員会、文部科学省が中心となった教育型まちづくりのように受け取られてきたようです。中央教育審議会答申では、「生涯学習を中核としたまちづくりの取り組みの推進」について次のように提言しています。「地域住民の学習活動、芸術文化活動、スポーツ活動を活性化し、住民の地域社会への参加を促していくことは、地域の豊かな人間関係の形成、地域意識の向上に役立ち、生き生きとした地域コミュニティの基盤形成を促進するものである」

また、まちづくりの方法として、地域住民の学習活動、芸術文化活動、スポーツ活動等の活性化を主張しているのです。こうした活動に日ごろから関わっている代表的な層が、創年たちであることは、周知の通りです。

生涯学習とまちづくりの関係

生涯学習は、なぜまちづくりに関係があるのでしょうか。生涯学習の目的である「自己を充実させる」ということは、目標をもち積極的に学ぶということです。そして、学習した成果が生かされる喜びは大きくなり、人はさらに積極的になるものです。そのことによって生活も生き生きとするのです。このように、地域において人々が、自己の持ち味を発揮することによって生きがいを持つとともに、お互いに学び合うことによって人々の連帯感が高まることが期待されます。いわば、人々が積極的に活動することで、地域全体が活性化することを意味しています。

生涯学習のもう一つの目標は「学習することによって生活を豊かにすること」です。いわば、心を豊かにすることはもちろん、衣食住にかかる生活そのものも豊かにすることを意味しています。創年の日常的な活動が、このことを実践しているといえそうです。なお、生涯学習とまちづくりの関係を図示してみました。検討してみませんか。

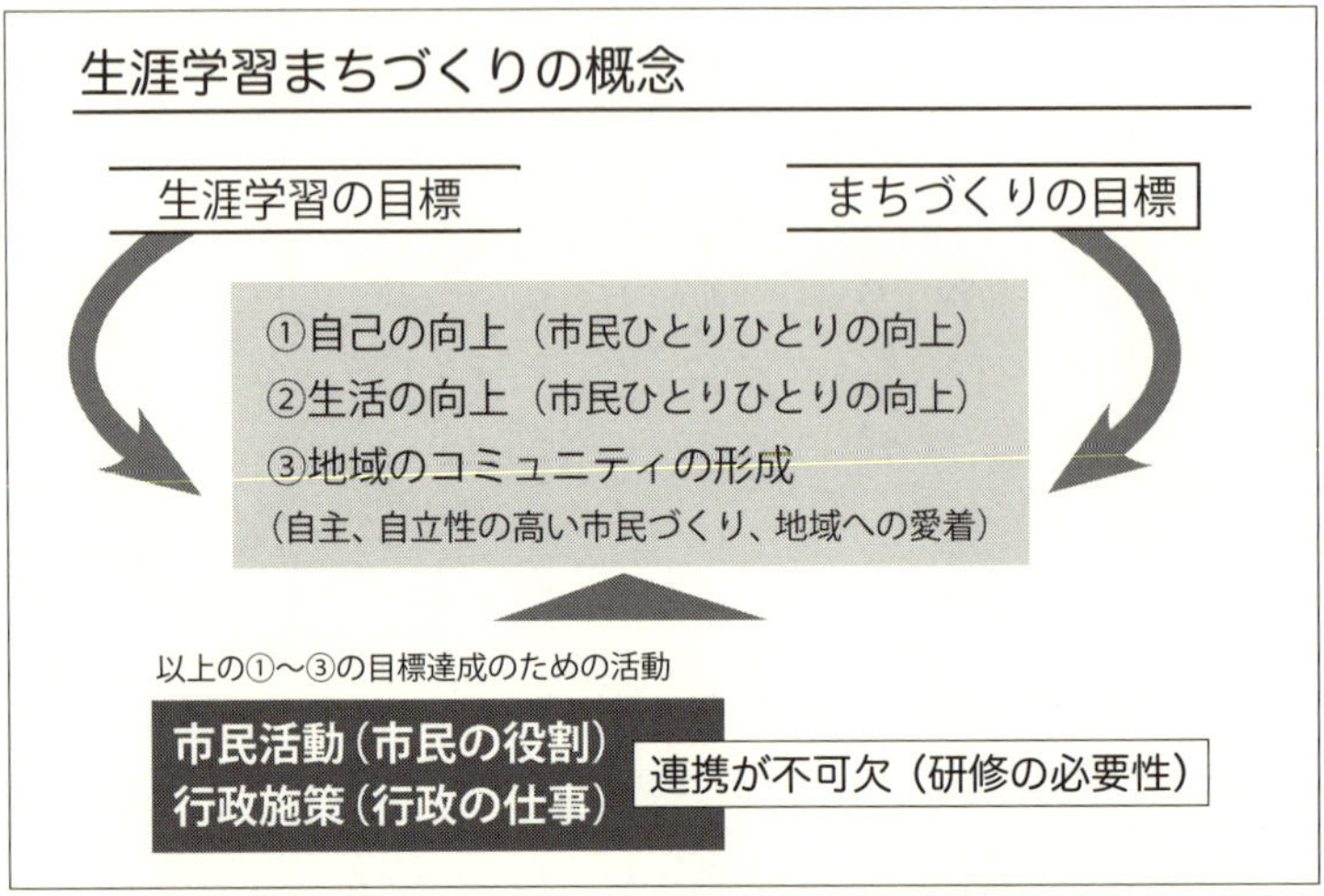

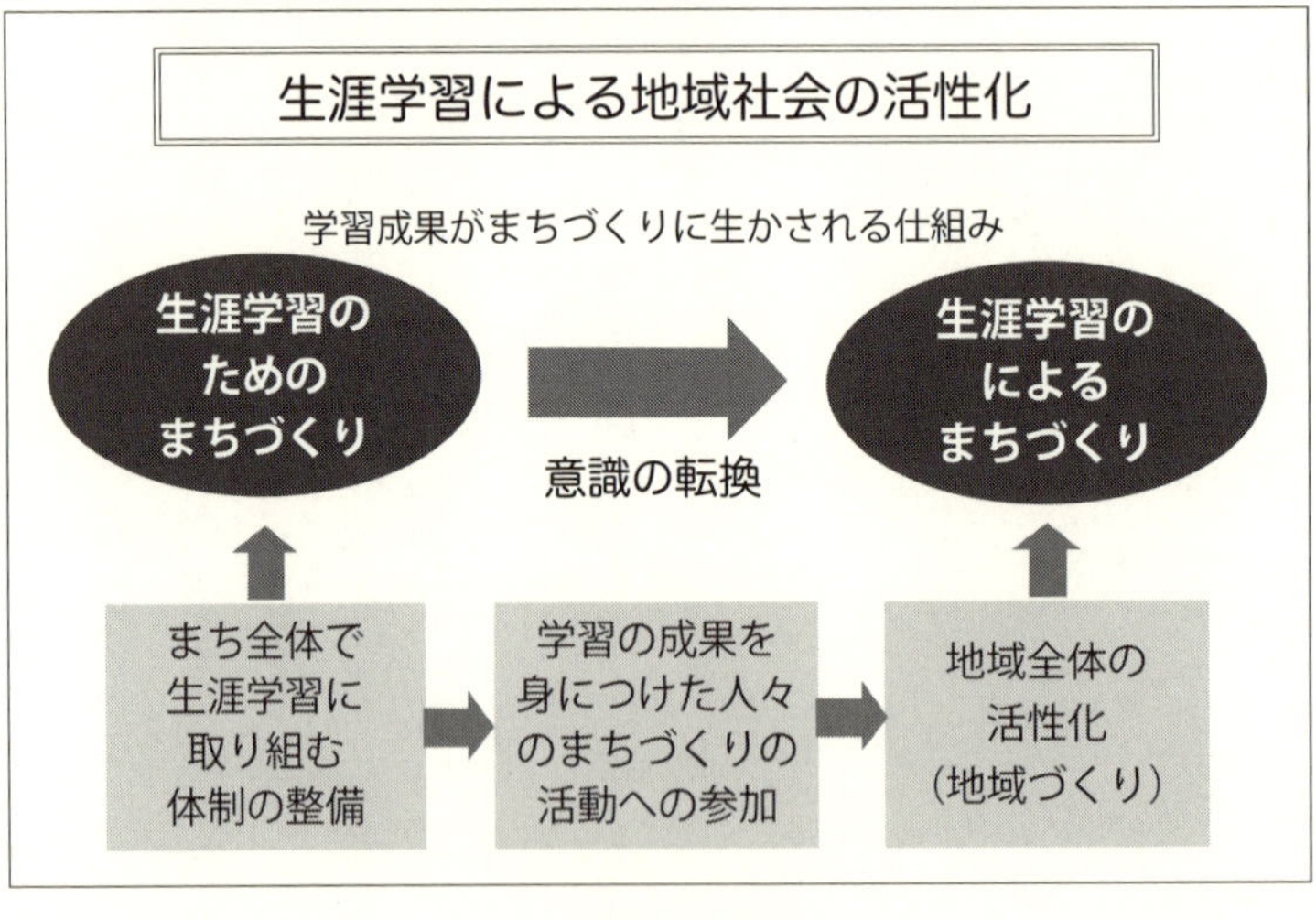

（2）生涯学習とまちづくりのめざすもの

学習の場が充実していること

「生涯学習のまち」というのは、地域の人々が充実した生活を目指して、多様な活動を主体的に行っており、そのことが可能になる学習の場が整備されているまちのことです。

そのためには、民間施設を含め公民館や図書館、博物館、教育・研究、文化スポーツ施設などの各種の学習施設が整備され、それぞれが充実していることです。

さらに、そこでは、情報化、国際化、高齢化など時代の変化に対応した生涯学習プログラムが開発、提供されていることでしょう。そして、これらが各学習施設や民間の教育事業として幅広く提供、活用されていることです。さらに、社会生活の中で生かされるようなシステムがつくられているまちのことなのです。いわば、「まち全体で生涯学習を実践しやすい環境をつくること」、と理解されています。

生涯学習社会にふさわしいまちづくり

「生涯学習社会にふさわしいまちづくり」としては、生涯学習を推進するという自治体や市民の積極的な姿勢が前提になっています。そのためには、例えば、次に挙げる事柄が大切である、と述べています。

ア　生涯各時期にわたる多様な学習の機会を提供すること

イ　体育・レクリエーション、趣味・文化活動、職業に関する学習など、あらゆる学習に対応できる施設を整備すること

ウ　学習成果が発揮できる機会や場所が得られるシステムなどの条件を整備すること
つまり、生涯学習のあらゆる方法が可能な学習環境を整備することも、これに含まれているのです。

また、「生涯学習社会にふさわしいまちづくり」には次のような具体的な視点が考えられるとしています。④
ア　時代の変化に対応した学習機会を整備
イ　自発的な学習活動を活発化し、それが社会生活の中で活用される環境づくり
ウ　教育・研究・文化・スポーツ施設と地域の経済社会との連携・協力を
エ　多様な学習活動を支える社会生活基盤の整備などを提言している
これには、さらに人々の生活時間や生活様式の多様化、生活水準の向上に合わせて、教育・研究・文化・スポーツ施設を本格的に整備するとともに、美しい生活空間、学習に便利な公共交通体系など、関連する施設やサービスを整備するとし、人々が喜んでかつ容易に学習できるような学習援助体制の整備を進めていく、と述べられています。

「生涯学習」が、教育分野以外の、生活空間や公共交通体系を含むいわゆるハード面まで言及されています。「生涯学習のまち」は、人々にとってさまざまな学ぶ機会が整備され、あらゆる学習活動に対応できる施設（ハード）や、学習援助システム（ソフト）などの条件が整備されているまちであることがわかります。

地区公民館からの発信

山形県天童市。北部公民館が隔年で開催しているまちづくりフォーラムは、広域に参加を呼びかけ、住民がまちづくりを考える場を提供しています。ＪＲ乱川駅の活用は、九州の嘉例川駅に刺激を受けたもの。無人駅のプラットホームでの雪灯篭まつりは人気の一つ。観光客を感動させる仕掛けですが、地域に名物を創ったようなものです。子どもたちを巻き込み、学校を巻き込み、新しいコミュニティ活動に挑戦する姿勢を感じる公民館です。館長の佐藤茂男館長の夢もあるのでしょうが、市民の力を引き出す手法は見事です。

「地域を元気にするまちづくりフォーラム」では、地域づくり実践事例の発表のほか、発表者を中心に、住民が四つのテーマでワークショップをしました。天童のまちづくり委員会は、すばらしい活動を展開していますが、これらの実行を陰で支えたのは、高橋寛人事務局長をはじめとする実行委員会でした。また、近隣の公民館を含む生涯学習まちづくりを地道に推進した公民館は、まさにまちづくりのセンターといっても良いものです。

ＣＣＲＣで、元気なシニアを呼び込み活性化を

地方創生の柱に、「元気な高齢者の地方移住」の受入れを検討している自治体が増えています。人口減少にあえぐ自治体が、アメリカの高齢者が移住先で自立して暮らす「ＣＣＲＣ」と呼ばれる共同体に学び、高齢者の知識や経験を地元企業の活性化や賑わい作りに生かしたいと考えています。

ＣＣＲＣ（Continuing Care Retirement Community）は、退職した高齢者らが健康なうちに移り住み、生涯学習や社会貢献に取組みながら暮らす生活共同体ですが、この考え方を自ら実践することが創年ということになります。しかし、創年を支える現役世代を周囲につなぎとめることが成功のポイントになるようです。ＣＣＲＣが、高齢者だけの特別な場所でなく、地域に開かれた場所であることが条件です。

6. 市民が主役のまちづくり

（1）市民も行政頼み、行政任せ

従来の「まちづくり」は、行政が主体に行うものと誰もが思っていました。そして、まちづくりの内容は、都市計画整備、街路づくり、橋や広場、病院、学校、図書館建設など、もっぱら公的な施設作りや都市基盤整備がイメージされてきました。さらに、企業の誘致などによって雇用の場を増やし、人口の増加を図ることなどが、もっぱら優れたまちづくりの指標の一つであると理解されてきました。もちろん成果が目に見えて、もっとも評価を高めやすいものがこのようなハードづくり中心のまちづくりでした。

これらを行うのは、もっぱら行政の主な役割であったことから、当然のことながら、まちづくりの全責任は常に官の側、行政の側にあるものとされてきました。しかし、今日、行政が行っている従来のハード主導型のまちづくりは、財政的事情から必ずしも成果が上がるわけには行かなくなり、中には破綻している例もあるのです。

これまでまちや地域の生活に関心を持った市民たち、危機感を感じた市民たちは、さまざまな形でまちづくりについて学習し、議論をしてきました。そうした市民は、その議論の成果をまとめてみても、自ら実践することはせずに、その成果を、行政に委任し、陳情する形で終わっていたようです。具体的には、検討の行方を提示して、あとは行政に実現をお願いし、期待するというパターンに終わっていたのでした。

いずれにしても学習した結果も、企画して実行するのは行政である、ということになっていたのでしょう。計画が実現できれば、市民にとってもそれなりに満足だったのかもしれません。しかし、多くは期待通り実現していかないというのが普通なのです。結果的に住民には、大いに不満が残るというものでした。

ハード型のまちづくりは、ハコモノができるまでは熱心ですが、完成後は、次のハコ作りに熱心になる傾向があります。したがって、まち中に、十分に活用されない各種の施設が、人々の活動実態以上に増えて、閑古鳥が鳴くという現状になっているものも珍しくありません。行政には行政の目標があり、予算によって仕事をすすめることになっています。したがって、重要性、緊急性、公共性、など優先順位があり、すべて期待通りゆくわけではないのです。

（2）市民が主役のまちづくり

まちづくり参画　子どもから参画できる

「地域の活性化」の狙いは、たとえ人口は少なくても、住民の一人ひとりが生き生きと創造的に暮らしている状況を指すものでしょう。例えば、一人ひとりが地域で何らかの役割を果たしていること、あるいは、大切にされていると実感していること。「一人ひとりが生きがいを持つとともに、それぞれ目標を持ち、自らの分野でそれぞれ活発に活動している状況」が、地域の活性化している姿といえるのではないでしょうか。つまり人々の生活のあらゆる分野で、活気があるような、いわば総合的な姿を活気があるというのでしょう。したがって、「市民が主役のまちづくり」ということは、中高年者（創年）や子どもがまちづくりに参画できることになるのです。

例えばこれまでのまちづくりに参画できるのは、市長、議員、役所のスタッフだと思われていたのですが、実際には子どももまちづくりに参画できるのです。全国生涯学習まちづくり協会では、子どもが主役のまちづくりについては「青少年おもてなしカレッジ」「平成子どもふるさと検地」、「子どもをほめよう研究会」などの研究と実践を続けています。子どもたちが地域に関わることによって、健全に育成されるという結果が、数多く報告されています。

今後、「市民が主役」ということは、行政のサービス用語ではなくて、真に市民を支援するということになると考えられます。そして、行政の役割は、市民の育成ということになるのではないかと思われます。

（3）事例　行政に頼らず活性化した過疎集落　やねだん

行政に頼らないまちづくりとして、鹿児島県鹿屋市柳谷地区（地元では「やねだん」と呼ぶ）自治会が注目されています（約百二十戸。人口二百八十人）。やねだんは、市街地から車で二十分、高齢化率三八％。過疎地・高齢化の集落でありながら、その元気さは全国から注目を集めています。過疎地と言われるところは一般に文化的な刺激は無く、若者がいないというのが特色ですが、やねだん自治会は、あえて文化活動に重点を置き、限界集落でみごとな成果をあげています。

やねだんの住民活動は、公民館活動であり、すぐれた町内会・自治会活動です。空き家を活用して「迎賓館」として若手の芸術家たちを招き入れて、「文化と若者」という二つの接点を取り上げ、地域全体で盛り上げ、多くの訪問客を受け入れるまでになっています。

七棟には県外から若手の画家、陶芸家、写真家が転入しているほか、宿泊棟となっています。全国から集まった八人のアーティストたちがそれぞれの制作を続け、それがまた多くの人を集落に招いているのです。若い作家たちの活動が地区の文化向上に一役買っており、そのことが自治会の文化度を高めているようです

「やねだん」独自に福祉や青少年教育にも成果をあげていますが、これも地区の創年たちの活動が見逃せません。創年が主役になって地域を活性化した好例といえるでしょう。また、創年と高校生との共同の農産品の生産などで、地域全体で学びの姿勢があります。また、特産品の開発やコミュニティビジネスの実践など、さまざまな活動を通して自主財源を確保して、独自の福祉、青少年教育に取り組んでいます。

これらの収益金を元に、自治会費の値下げ、高齢者の家庭などに無料で緊急警報装置や煙感知器を設置しています。また全戸に連絡網に使う無線を設置、母の日には、県外にいる人から父母へのメッセージを地区の高校生が代読し、全戸に放送したこともあります。

さらに独居老人の見守り方式といったユニークな試みにより、助け助けられるコミュニティが形成されています。これらはコミュニティづくりの活動であり、不利な状況を学習により克服した地域おこし、まちづくりといえるのです。これらの成果は、住民に地域に対する誇りを持たせ、自ら生きがいを創出しています。

またリーダーによる後継者育成や訪問客の増加が、地域全体を活性化していることも見逃せません。リーダーで自治公民館長の豊重哲郎さんはアイデアと実行力、そのバイタリティで住民自治会をリードしているのです。⑤

（4）市民の学習とまちづくり研究会

まちの歴史や自然、環境、風習など、地域について市民が学び、よりすぐれた市民性が育つことがまちづくりにとって不可欠です。優れた市民の育成は、まちづくりの終局的な目標の一つです。そのためには、市民が、いつでもどこでも学びやすい環境を作る必要があります。学びやすい環境とは、例えば学習施設が整えられ、魅力的な運営がなされ、優れた学習機会が提供されていることを示しています。それらにかかわる市民ボランティアが活動している状態も重要な要素です。

市民が自ら学ぶという学習の内容は、自由です。市民自らが選んだ内容で、時間の制限もなく柔軟に学べばよいのです。こうした重要性を認識したまちの中には、一人一学習一ボランティアなどを標榜しているまちもあります。スポーツ、音楽、演劇、絵画、歴史探訪、絵本作り、写真、環境保護、民俗学など、まち中に多彩な研究を行う人が存在するというだけで、それらの人材が生かされる可能性があります。もちろんそれらの人材に多くの創年たちが該当しているでしょう。

（5）創年が関わるまちづくりの領域と活動

一般に市民活動の分野で「まちづくり」と呼ぶ場合には、次のような領域の活動が行われています。創年の活動がこれらのすべての活動に関わっており、さらに活発に関わることが期待されています。

①美しい環境づくり

（例）美しく魅力的で個性的な景観作りを行うこと。街路樹の手入れ、花いっぱい、ゴミゼロ作戦などの事業が考えられます。水とみどりと花を豊富にし、生活を人間的で潤いのあるものにしていくこと

②安全で快適な環境づくり

（例）伝統的な文化を保全復元して、その活用を図ること

歩行者が自由に歩き憩うことのできる快適な空間の確保を図ったり、バリアフリー視点で生活環境をチェックしたり改善したり身近な環境を点検すること

公害や環境汚染・災害の防止をはかること

③生活の安定・産業の振興

（例）地域内に産業を起こし、働きの場と収入の確保を図ること

中心市街地など、にぎやかさや、人々の交流の場をつくり、人間を生き生きさせることや、観光・文化・娯楽などにより人口の定着や雇用の場をつくること

生涯学習について、学習内容には、「儲ける生涯学習の視点」も必要です。学習者の要求も高いはずです。

④健康で安全な生活環境づくり

（例）自然や緑の保護を図り、ワイルドライフを体験させること

病の発生を予防し癒して、健康で活力ある生活ができること

自然災害等に対応するため、安全で安心な生活をめざし、日常的に訓練等を行っていること
上水道、下水道、ゴミ処理など身近な生活環境について、常に関心をもち、日常的に安全面、衛生面などでチェックしていくことなど

⑤文化的な生活の場をつくること
（例）市民が自ら質の高い生活を持てる文化的、芸術的な充実を図ること。特に各種の文化団体の発表の場を提供したり、享受する場を設定する
市民として自覚し成長していく市民学習・生涯学習を行うこと

⑥すぐれた人間環境、コミュニティづくり
（例）人々が結びつく地域コミュニティを形成していくこと
日常の生活から阻害された高齢者、身体障がい者など孤独な人々を支援していくことや、まちづくりを行う人づくりを行うこと

（6）民間が提供する学習機会

まちづくりにとって効果的で、重要なことは、集団学習として市民のまちづくりに関する学習団体が、まちに存在するということです。特に、まちづくりを考え学ぶグループが、まちに存在し活動することは、まちの活性

化の原点となることは周知のとおりです。

団体の構成員・メンバーの一人ひとりが、まちづくりに関心をもち、趣味や、生きがいとして楽しく取り組んでいることが多いということ、またその活動の結果が周囲に、より多くの影響を及ぼすことを理解しておく必要があります。こうした人々によって、まちづくりに関して、イベントや特産品開発研究が進められていることが、まちを活性化しているのです。

今、生涯学習のまちづくりの運動の発展、いわゆる市民の学習と市民活動を通じて「まちづくり」の本来の地域の活性化の意味がやっと理解されてきたように思われます。つまり本来は、市民がまちづくりにかかわることこそ、本当のまちづくりが進められるということが理解されてきたのです。次に紹介するのは、地域の企業によるまちづくり参画の例です。

◇きれいのたね

松戸市役所の近くにある「ありがとうビル」の一階に、連日のように若い主婦たちが集まってきます。オーナーの田中進一さんが仕掛ける女性たちの学習機会に、年間で延べ五千人が参画するといいます。これはもうちょっとした公民館並みの事業です。料理教室をはじめ、子育てにかかる各種講座から趣味の講座に至るまで、びっしりという感じです。講師たちも圧倒的に若い女性たちです。その秘訣は、講師の持ち込み講座であることです。創年と若い女性講師たちが工夫を凝らしたユニークな講座計画を持ち込みます。その時点でかなりの集客コミで、企画が持ち込まれているのです。カルチャーセンターとも一味ちがう講座ですが、これが人気のようです。若い人々が企画する講座には、当然のようにまち中から受講生が集まっているようです。民間事業の柔軟さも魅力のようです。

◇松戸市　島村トータルケアクリニックのプロジェクト

行政が提供する学習だけでなく、市民の有志が思いをこめた学習機会を提供している場合が少なくありません。島村トータルケアクリニック（島村善行院長）は、医療だけでなく、食のありかた、コミュニケーション、コミュニティのあり方を総合的に考えようとしています。地域の人々、患者さんなどを加えて地域医療を幅広く考えようとする試みです。

ホタルの里づくりの実施など、地域と一体化することが患者のためにも、また認知症対応のためにも効果が上がるという考えに基づく活動を実践しています。クリニック内にはステージも設けられ、演奏会、落語会などもあり、地域の文化活動と一体化しようと試みるなど、これからの医療、福祉施設への一石を投じているようです。職員の胸には「笑顔」というエンブレムが輝いているのが印象的です。

◇下川町のコロンブスの卵

北海道下川町は、人口三千人余りの過疎のまちです。そこに生まれた小さなグループ「コロンブスの卵」の活動が全国の注目を集めました。たとえば「アイスキャンドルボックス」づくり、「オホーツク寒気団缶詰」、「万里の長城」づくりなどのユニークなアイデアが、この小さなまちの知名度を全国的に高める役割を果たしました。小さなサークルの活動が、行政では成しえないまちの名前を全国に高めたものでした。

これはまさに、民間の学習団体の存在が、まちづくりに大きな役割を果たしたことを示しています。

7. 市民の学習組織と交流の方法

(1) 創年グループの意義

創年が、グループ活動に参加することは、活動成果を高めることになりますが、個人的にも孤独な生活を防ぐために大切です。ひとつの学習組織だけでなく地域には、さまざまな団体がまちづくりに関する活動を展開しています。これらは個々に団体の目的に即して活発な活動を続けていますが、これらが相互に連携している例は、きわめて少ないような気がします。連携して活動を楽しみ、より成果を上げることが期待されます。

「交流は地域資源」です。まちづくりにとっては、交流は最も効果的な取り組みの一つであると言うことができます。千葉県酒々井町では、町内のさまざまな団体に、活動資金助成を行っています。優れた活動を助成して、団体をよりよいものに育成しようという願いから生まれた事業です。少額の助成金ですが、応募団体にとってはとてもありがたく、助成を受けるべく涙ぐましい努力がなされています。これまで助成を受けた団体についても、これまでは相互の交流はなく、個々の団体として活躍していました。これが公益団体活動費助成を契機に、連携することに留意するようになりました。その結果、「輝く創年とコミュニティフォーラム」という事業として、地域では最大のまちづくり関係事業を生み出すようになり、大きく発展してきたのです。

グループ活動が苦手な創年男性

一般に創年世代は、グループ活動や組織活動が苦手のようです。これまでの長いサラリーマン生活から、その当時の肩書きのせいもあって、なかなか、地域組織になじめない中高年者が多いようです。サークル活動で五十人の集団からスタートしたはずなのに、地域組織の経験の薄い男たちが会を仕切ってしまうと、三ヵ月もすると、会員が半数以下に減っている例は、ごく普通の光景です。

中高年男たちが組織したサークルになじめないで、やめてしまう多くの女性たち。原因は男たちにあります。まず、男たちがサークル活動のはじめに熱中する活動は、「規約作り」だからです。どうやら、規約もなしに活動を始めるわけには行かぬという男たちが、誠心誠意を込めて作成した立派な規約なのですが、とても余暇に集う女性たちには、ついていけないのです。組織や、規則の中で働いてきた男たちには普通のことなのですが、女性にとっては一般的ではありません。

多くの男性たちは、退職後も、第二の人生をかけて新しい組織を求めているのかも知れません。しかし一方で、組織に辟易し、いまさらグループなど真っ平だ、と言う男性も多いようです。組織回帰を夢見る退職後の男たちと、その正反対の男たちと、両極の中高年が存在しているということでしょう。

柏市の柏シルバー大学院

千葉県柏市の「柏シルバー大学院」で、講義をする機会がありました。平均年齢は六十代半ばという講座です。毎月二回の講座で、柏市近郊から、おおぜいの人々が集まってきます。参加者は千葉県が設置している、「千葉県生涯大学校」を終了した人たち。約七百名のメンバーが集まる組織です。柏市周辺の自治体からも電力会社のコミュニティホールに集まり学習を楽しんでいます。自主的に創られた学習組織です。聞くと参加希望者が多く百十名の定員を上回り一・五倍の競争率で加入している市民大学とのことです。
本来は千葉県厚生労働部局の事業でしたが、その修了生が自主的に設立したもので、現在ではまったく行政から独立し、年会費二万円で運営されている学習団体となっています。したがって講座の企画、運営、会場探し、講師との連絡などあらゆる運営を、会員の自主的な組織で行なっているのです。退会者はほとんどなく、すばらしい組織が定着しています。今後は、会員相互の交流と地域の関わりかたが課題となっているようです。

相席でも平気な生き方を

先日、都内を散歩しているとき、居酒屋「相席」という店を見つけました。相席までして食事や、酒を飲むなど、どういう気なのかな、と思いましたが、いまや逆に、孤独な人のために意図的に相席を進めようということではないかと気がつきました。高年期は、とかく寂しいものです。仕事や、職場や、仲間、家族、役職など次第に失っていきます。これが高齢化の宿命です。そのとき相席でも平気な生き方を身につけていくことが必要なのです。一週間、誰とも口を利かずに済む中高年の男も多いと聞きます。引きこもりの予備軍です。仲間と、他世代と気さくに交流できる自分作りが大切だと思います。

（2）交流が生み出すもの

交流の意義

個人の場合でも、交流は他に学ぶことを意味します。真摯に他に学ぶことによって、新しい可能性が広がっていきます。交流は、まちづくりにとっても効果的な手法です。実施された交流は、事業の成果であり、成果の評価指標となるものです。

交流するということは、まず相互理解がされるということで、その一つは他を知ることによって、自らを自覚することができるということです。自らを知ることは、地域がより発展するための基本的な条件といってもよいでしょう。

交流の形態

具体的な交流の形態には、近似の団体同士のいわゆる同質同志の交流から、異質の団体の交流などがあります。特に異質の交流が、活性化には効果的です。世代間交流、地域間交流、異業種交流、国際交流などいずれも大変必要とされることばかりです。それはお互いに新しい情報刺激を受けることや、自己評価に役立つこと、なによりも他との交流により、味方が結束するということになります。

他自治体の市民同士の交流は、新しい活力の元になるようです。まずなによりも人々との出会いと、新しい人間関係の深まりが期待されます。また相互にこれまでの活動の状況を知らせ合い、情報を交換することは、相互の刺激になるものです。

他自治体における実践は、常に参考になりますが、実践者たちが、相互に情報交流することによって、新しいヒントを得ることになり、さらにこれまでの活動について評価を得ることも考えられます。それは自らを大きく伸ばすもとになるはずです。

発表の機会

団体の多くは、自己表現として、発表の機会を求めています。訪ねて行くことは、案外自己の表現の機会を求めているからかもしれませんし、新しい情報を得ることでもあります。たとえば旅もまさに新しい情報との出会いです。相互の交流は、相互理解による新しい融和を生み出し、そこから、新しい力を生み出すものでしょう。

交流にも含まれますが、見学は、新しい体験をすることであり、新しい力を生み出すことにつながるものです。また温かく迎えることも交流です。これらを意識したまちづくりは、ある意味では、まさに旅と同じ成果を思わせるものです。

まちが活性化しているということは、市民が活動している量と質の積ということができるでしょう。音楽団体が定期演奏会をする、それを楽しむ市民、新しい音楽への市民の関心の高まり、これらはまちづくりのために大きく貢献しているということができます。文化協会などの、多くの集団の集合体などは、年一回程度の合同研修だけでも、まちづくりに効果があるものです。

見られるまちは美しくなる　観光も交流効果

観光は、後章で解説しますが、地域の宝、誇りを心をこめて観るというところにあるといわれています。そのためには地域の宝を発見し、磨き、心をこめて、誇らしく示すという行為が観光の本来の意味であるといわれています。また、地域の誇りである宝を、心をこめて観るというのが、観光の旅行者です。

そこでは暖かく迎えることも、交流の基本です。もてなしの集団に出会える楽しみは、「交流」が一番です。なかでも、人との出会いは、最も心に残るものです。観光旅行者を迎える側にとっては、もてなしが原則です。本来の設定も大切ですが、地域をあげて迎え、交流の雰囲気をつくることが大切です。

当たり前のことですが、見られる地域は美しくなる、と思います。人間も同じです。美しくなる女性も、また当然です。団体交流もまた同じです。多くの人々に注目される団体は、より洗練され、活発化するものです。視察が多いまちは自ずと活発になるし、充実してくるものです。交流は、相互を活発にし、魅力的にするものです。

◇ボーイズビー安美食

Ｂｏｙｓ ｂｅ Ａｍｂｉｔｉｏｕｓ「少年よ大志を抱け」みんなが知っている言葉ですが、これは私たちＮＰＯ法人全国生涯学習まちづくり協会が、毎月実施する交流会の名称です。「安美食」が、笑いを誘う部分です。ビールを飲みながら、安くて美味しいものを食べようという例会の名称です。交流に酒は特別に効果があるということを、あらためて知ることでした。

定員は、ほぼ二十五人程度。三時間近くを食べて飲んでの情報交換は、想像以上に友好の和を広げているようです。新しい情報だけでなく人間的な交流と刺激など、毎回わくわくドキドキをキーワードに人気があります。

近県に限らず九州、兵庫、山形、名古屋などからも、この日に出張を当ててくる人もあります。まち研会員、議員、自治体職員、会社経営者、俳優、写真家、声楽家、研究者、中央官庁職員、など、毎回多彩な異業種に及ぶだけに、思わぬ人に出会える楽しみがあります。

まちづくり協会の会員の結束を高め、研修交流の視点からも効果を上げているようです。

（毎月第三木曜日、東京上野、下谷界隈）

（3）交流を深めるイベントの意義

国際交流　韓国との交流の場合

全国生涯学習まちづくり協会は、韓国の社会教育研究会（通称）との交流を続け、隔年での日韓生涯学習まちづくりフォーラムを開催しています。日本の生涯学習フェスティバルをモデルにした韓国版生涯学習フェスティバルにおいても、生涯学習まちづくりフォーラムに類する交歓フォーラムを実施しており、すでに大田広域市、光明市、テグ市で交流をしています。日本とほぼ同じ事情の韓国でも、生涯学習宣言都市が設置されるなど、日本と同じ課題に当面して活動しています。

国交上は、ギクシャクした仲ですが、まちづくりの関係者は、相互に理解を深めているということが実感としてあります。平成二十八年度は日韓子ども平和交流サミットをささやかながら実施することになっており。数回の実行委員会が開かれています。小さいけれど、両国にとってはインパクトのある交流です。

まちづくりとイベントの意義

イベントによって、市民の活力が生まれることも知られています。地域の活性化に効果があり一般に取り入れられていることは周知のとおりです。イベントは基本的に、人々の交流が基本であり、目指すところでもあります。イベントは、人々を活性化させるからです。

創年が、仲間とイベントを企画して、あらためて新しい自分の力を生み出すことでもあります。

事例「中国・四国・九州地区生涯学習実践研究交流会」

福岡県笹栗町にある福岡県総合教育センターでは、毎年五月第三土曜と日曜に、「中国・四国・九州地区生涯学習実践研究交流会」を開催しています。もとは生涯教育学会の九州地区の研究会から始まったのですが、現在では、九州以外からも参加者が多くなり、西日本の最大の研究集会に発展しています。五十人前後の分科会発表者が、各県の代表的な実践事例を発表します。学会形式なので交通費も自前、講演料などはありません。沖縄、鹿児島、高知、鳥取など遠方からも参加で、常時四百人が白熱する討議を実施しています。

郷里の産物を持ち寄る交流パーティーは、ほぼ全員が参加します。酒、焼酎、ワイン、かまぼこ、干物、鰹節、メロン。持ち寄る産物も飲食物だけではありません、包丁の町は包丁が土産です。これらを大パーティーの競り市で競売にかけ、売り上げが次年度の開催資金です。このパーティーだけでも参加する人が少なくありません。泊まりがけ参加者の大半が夜なべ談義を楽しみます。生涯学習は、西日本が東日本に比較して総じて元気であるといわれるのは、九州の研修でこうした交流が大きな役割を果たしているように思われます。

関東のイベントも定着

関東で開催の二つの生涯学習まちづくりフォーラム、千葉県酒々井町の「輝く創年とコミュニティフォーラム」と、栃木県佐野市の「学びとまちづくりフォーラム佐野大会」も定着してきたようです。こうしたイベントでは、実施した自治体の知名度が上がるだけでなく、数々の効果が得られています。活躍の中心が創年であることは言うまでもありません。平成二十八年の第四回大会では、著名な俳優などの参加もあり、さらに中学生の吹奏楽の演奏が花を添えています。関東では、定例化した印象がもたれています。

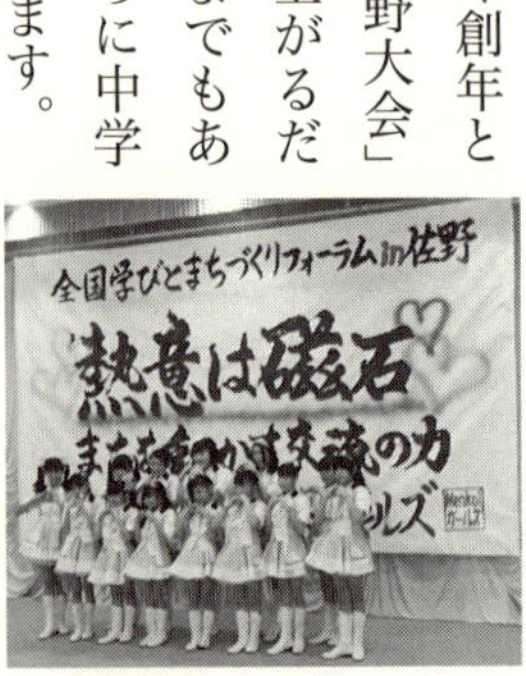

佐野フォーラムにて

8. 子どもの健全育成

(1) 子どもの健全育成と創年の役割

創年が、その力を発揮する対象として、青少年に伝統を伝えるということも重要な役割です。長い人生で培ってきた知見を後輩に伝えることは、創年にとっては大きな使命であり喜びです。創年の活動として、青少年育成にどのような場面があるのか、現状からいくつかの可能性が上げられます。

育成活動に「まちづくり」をとりいれる

まちづくりは、子どもたちの日常的な学習においてはじまります。最も生活に近い学校や遊びなど、身近なところで行われています。地域には日常的に接している風景や人や事象があり、生きた教材として多様なものがあります。まちについて、子どもたちに教え、共に学ぶ活動を今後発展させても良いのではないでしょうか。その指導者として、経験豊富な地域の創年たちが担っていく形が、理想的です。

青少年がまちづくり活動に参画、実践可能な事業

子どもの参画としてさまざまな事例があります。筆者がこれまで指導し、あるいは関わった具体的事業には、およそ次のような活動が見られます。

ア　地域に関する調査と地域に対して提案する活動
イ　地域資源を発見する活動（地域の特色などを研究、調査、発見する）
ウ　地域活動への参加　地域の各種行事や、社会的なイベント等に参加する活動
エ　委員会活動に、青少年の立場から委員として参画すること
オ　伝統文化の継承の担い手となること
カ　子どもの指導、ジュニアリーダーとして、年下の子どもたちを指導する活動
キ　高齢者への支援・交流をすること
ク　商店街の活性化に協力すること　など

地域の活性化にとって、商店街は青少年のまちづくり参画の格好の場です。子どもたちが商店街で店員の体験をして、多くの大人の来客が増加したこともありました。空き店舗の活用をはじめ青少年の学習教材として、商店街の活性化に関わることは、もっと考えられてもよいでしょう。

全日本青少年育成アドバイザー連合会

旧社団法人青少年育成国民会議が、昭和五十三年から平成二十年まで「青少年指導者のための通信教育」で、一定の課程を経て認定した人々による連合体です。これまで全国に四千百十人の方々が認定され、全国各地で青少年の健全育成や多様な地域活動に参画しています。国の青少年育成国民会議は解散したのですが、都道府県に

活動している青少年育成アドバイザーがまとまり、新たに会員を募集して、平成九年に組織化した筋金入りの創年集団です。現在では、山本邦彦代表を中心に青少年育成アドバイザー養成講習を実施するなど、今後は青少年指導者集団として幅広く活動しようと張り切っています。「情熱と経験だけは負けません」と言って取り組む指導者たちには魅力があり、輝いています。地域活動で連携してまちづくりに定着することが期待されています。

（2）子ほめ運動の推進

子ほめ条例のまちづくり

地域全体で子どもをほめて育てる取組みをしているまちがあります。子ほめ条例のまちです。これは地域ぐるみの青少年育成の実践と言えるものです。創年が関わる「子どもを主役にしよう」とする試みでもあります

子ほめ条例とは、地域の子どもたちが、義務教育期間中に、全員が必ず一度はまちからほめられ表彰されるというしくみです。これらを条例化し、事業の継続が図られているものです。学校外の子どもたちをみることが中心ですので、よほど地域の育成組織が確立しないとできない事業です。まさに地域ぐるみの子どもの健全育成ということです。

ほめることは、相手を理解すること

ほめるということは難しいものです。おだてることとは違います。相手をよく見ていないとほめられません。

相手の発達段階に合わなければ、ほめたつもりが逆効果になる場合もあります。相手に感謝され、尊敬され、信頼を得るほめ方があります。ほめる内容とタイミングも重要です。一般にほめられた場合、ほめた人を嫌いにはなりません。相手の伸びた部分、努力の経過など重要な部分を見逃せば、表面的な言葉になり、あまり効果がありません。

子ほめ条例のまちは、まち全体でほめる態勢があるということであり、まち全体が学習しているということです。創年の出番はおのずと決まってきます。もちろん子どもを見つめ、ほめて育てることです。

岡山県鏡野町では、児童生徒表彰条例（鏡野町は「ペスタロッチ賞」と呼んでいる）を制定しています。地域ぐるみで一人ひとりの児童・生徒を見守り、その個性を見出し表彰することにより、未来に生きる子どたちを育成しようとするものです。全国では八自治体が、「ボランティア賞」「スポーツ賞」「文学賞」「アイデア賞」「勤労賞」「努力賞」「特技賞」など特定の表彰項目を設定して、その項目に照らして表彰しています。いずれも小学校一年から中学校三年まですべての子どもが、必ず一度は表彰されるというところが特色です。

これは、地域の連携が強く生かされる仕組みであり、「地域の教育力」が、まちづくりの目標の一つと見られている例です。⑥

「創年と子どものまち」宣言

鹿児島県志布志市は、創年と子どものつながりを強調して、「創年と子どものまち」を宣言しています。創年市民大学でも有名ですが、創年と子どものまちを意識して、創年市民大学の入学式や卒業式、その他の教育行事の際は、市民が起立して、創年と子どものまち宣言文を全員で唱和する慣わしとなっています。

「創年と子どものまち」の宣言文

一　私たち創年は、地域でほめ、叱り、見つめ、守り、抱きしめることで明日をひらく心豊かでたくましい子どもを育てます。

一　私たち子どもは、地域に学び、地域を愛し、人に感謝し、明日に向って力強く生きる心豊かな人間になります。

一　私たち創年と子どもは、子供も大人もイキイキ輝く住みよいまちを目指します。

「子ほめ条例のまち」の推進にあたっては、これまで「全国子どもをほめよう研究会」の開催のほかに日常的な活動が続けられています。このような取り組みは、まち全体でなくとも小学校区単位であったり、団地単位であったり、規模を小さくして行うことも可能です。いずれも、多くの実践事例を見ると、熱心な創年の活躍がなければ実現しないと考えられます。

◇松本零士さん

「未来というのは、若者や子どもたちの胸の中に、心の中にすでに実在しているのです。だから若者を侮ってはいけません。若者を侮ると痛烈なしっぺ返しを受けます。なぜなら、若者には時間という無限大の宝物がある。時間は夢を裏切らない。そのかわり、夢も時間を裏切らない。この二つがであったときに夢はかなうのです」と語っています。⑦

（3）平成ふるさと歳時語り部養成講座

語り部養成講座の意義

今日、人と人との会話も少なくなり、親子の対話も少なくなり、子育てに悩む親が増えるなど、互いに助け合う人の心が失われつつあるという深刻な指摘があります。いじめや非行、自殺の増加など、コミュニティや家庭の崩壊などに起因して、社会問題にもなっています。失われつつある人間同士のつながりを回復させることが必要です。そのためには、家庭教育の充実と地域連携が不可欠となっています。

地域の風習やしきたりなどを若い親も知らない、当然、子どもに伝えるものがない、これは家庭のしつけにも影響する重要な問題です。そこで、創年の出番です。全国各地で、地域の伝統や歳時、しきたりなどが消えつつあります。いわばわが国の、ふるさとらしさが消えていくという実態があります。

そこで、ふるさとの伝統文化を学び、子どもたちに伝える学習を、スコーレ家庭教育振興協会とまちづくり協会が、平成ふるさと歳時語り部養成講座として実施しています。スコーレ協会が実施する数多くの事業の他、地域の文化的な歴史、習慣、伝説など、家庭を巡るしつけ、伝承などを、地域づくりの基本として研究するものです。

スコーレ家庭教育振興協会の挑戦

公益社団法人スコーレ家庭教育振興協会は、一九八〇年に創立、三十五周年を迎え、会員二万六千人、家庭教育を中心とする生涯学習団体として高く評価されている団体です。会員の多くは、家庭教育の振興から家庭教育に関する学習、地域ボランティアなどを各地で継続しています。全国に数多くの学習グループと支部を有して地道な活動を続けています。地域に伝わる家庭歳時や伝統文化等を研究し、掘り起こし、子どものしつけに役立てようというものです。

全国生涯学習まちづくり協会でも、現在、推進している「創年（中高年）活動」とともに、郷土を愛する心を育み、身近な生活のよさを見直す運動を、より積極的に推進しています。冠婚葬祭の基礎知識など、日本人の歳時記について、生活の基礎知識を学び、その地域の語り部を養成します。ふるさとを愛する青少年の育成のために、家庭や地域で、ふるさとの生活、伝統を子どもたちに語れる創年が、あらためて子どもに語っていただきたいと考えています。

9．男女共同参画

（1）女性の学習と地域活動

まちづくりの新鮮力

優れたまちには、元気のいい多くの人々に支持される優れた女性が存在するものです。俗っぽいですが、その印象はあたっています。まちづくりに熱心で、細やかな発想や生活に密着したりする企画、女性らしさが発揮される、いわゆる「女子力」が活かされているのでしょう。そのまちづくりの核として最近では、その女性たちの活躍が目立っています。やっと女性の力が認識されてきたようです。

会社などで女性だけの食事会や旅行など、女性独自の会が「女子会」として話題を呼びましたが、まちづくりでは、すでに女性のパワーが、地域の男性をしのぐ勢いであることは周知の通りです。特に、女性の繊細さや、明るさ、女性の魅力が発揮され、地域の中で人々をリードする傾向は、今後さらに発展するものと思われます。女子力は、まちづくりの「新鮮力」として、大きな位置を占める、という期待も広がってきます。

女性の学習

女性の多くは、育児から解放されると、自由な時間をもてあますようになるといいます。またそろそろ自分の生活設計を立てなければならない時期に来ていることを自覚する人も増えてきます。そして、趣味や生きがいづくりの学習だけでなく、できれば職業に就きたいと思っています。女性たちは職業的なキャリア、あるいは生きがいや趣味的活動を求めて、諸々の学習活動に取り組む機会が活発になってきます。

また、まちづくりやボランティアなど、積極的に活動する人も多く、新しい魅力を作り出す努力を惜しまない女性パワーを発揮しているようです。ＮＰＯやサークル活動を組織化して独自の活動を、しかも柔軟に展開している例は、数え切れないほどあります。

創年女性大学

創年の女性を対象に、「さわやかちば県民プラザ」で全国生涯学習まちづくり協会が、集中的な講座を実施しました。まちづくりに意欲的な女性たちが積極的に創り上げた講座でした。しかも、これからのあり方についても、継続的に学ぶ意思を示しながら、各サークル独自のリーダーシップを発揮する様子が見られました。関東地区に同様な講座が広がる予感がします。各地区でも女性独自の課題を反映させた講座を、市民の手で開設することを進めていきたいものです。

（2）男女共同参画社会基本法

いうまでもありませんが、女性の地位を高め、個人の尊厳を尊び、自由に生きることが保証されなければなりません。そのために男女共同参画社会の実現を図ることが、わが国の課題となっています。この男女共同参画社会とは、「男女が、社会の対等な構成員として、自らの意志によって社会のあらゆる分野における活動に参画する機会が確保され、もって男女が均等に政治的、経済的、社会的及び文化的利益を享受することができ、かつ、ともに責任を担うべき社会」を指しています。（男女共同参画社会基本法第二条）

「男女共同参画社会基本法」（平成十一年六月二十三日公布・施行）には、「男女の人権の尊重」「社会における制度または慣行についての配慮」「政策等の立案及び決定への共同参画」「家庭生活における活動と他の活動の両立」「国際的協調」の、五つの基本理念がうたわれています。このうち、「政策等の立案及び決定への共同参画」は、いわゆるまちづくり参画そのものを意味しているようです。

また、食料・農業・農村基本法においても「女性の参画の促進」が明記されています。そこで女性の社会参画及び経営参画を促進するため、農山漁村における男女共同参画の確立に向けた総合的な施策の推進に努めるとしているのです。

いまだにこうした法律が重視され、学習しなければならない状況があるのですが、一方では、すでにまちづくりにおいては女性の進出が目ざましく、むしろ主役になっているといってもいい状況が見られます。

全国OCサミット鯖江

OCとは「おばちゃん」の意味だそうです。女子高校生（JK）が、まちづくりに活躍して話題になった福井県鯖江市では、市役所にJK課というセクションを設けたことが話題になりましたが、その向こうを張って生まれたのが「OCサークル」。そのサークルで、全国大会を開催しました。栗山裕子さん、吉村明美さんを中心として、まちづくりにかかわる女性たちが約二百人、めがねのまちに集まったのですからそれだけでも話題になりました。まちづくり活動を発表し合い、交流を楽しみました。事例発表や、パネルディスカッションのほか、市内めぐりも楽しみました。実行委員会の組織化、事前研修の徹底、役割分担の工夫など、女性らしいきめ細やかな対応は、参加者に大きな感動を与えました。

（3）めざましい女性の活躍

男女共同参画社会と女性活躍推進法

男女共同参画について、今日、あらためて法律で規定するまでもないこと、などというのは無謀な意見です。まだ不十分であるからこそ、この法律の意義があるわけです。当然のことですが、国民全体の問題として、男女共同参画社会を築く必要があります。まだまだ社会的に数多くの問題が横たわっていることを踏まえ、行政課題として国は積極的に取組んでいます。

こうした社会の実現を目指して、さまざまな政策を加速するとしてきましたが、地方創生を推進する傍ら、女性活躍推進法の制定を実現させています。

女性活躍推進法　企業や国、地方自治体に女性を雇ったり、管理職の登用を進めるよう促す法律として「女性活躍推進法」が、平成二十八年四月一日から施行されました。従業員三百人以上の企業は、各々の目標を定め、達成するための計画書を労働局に届け出ることになりました。二〇二〇年までに女性の管理職比率三〇％の目標達成が期待されています。着々と女性活用策に本腰が入ってくるように感じますが、政策より早くに実績は上がっているように思われます。

一億総活躍プラン　女性・高齢者の潜在力を生かす

わが国の経済成長の隘路には、少子高齢化という問題があります。可能性を秘めている女性や、経験と知恵を持つ高齢者を生かす必要があるとしています。一億総活躍社会は、誰もが活躍できる全員参加型の社会で、政治の究極の戦略とされています。「子育て支援の充実」「子育て等で退職した正社員が復職する道が開かれるよう企業への呼びかけ」や「高齢者雇用の促進」などがうたわれています。これは、女性の活躍をさらに引き出す契機となりそうで、今後の施策への反映が期待されるところです。

全国のまちづくりの情報を語るとき、成功例の多くは圧倒的に女性に多いようです。本書で紹介している事例も大半は女性が中心です。男性より成功率が高い。それはなぜでしょうか。一言で言えば女性にパワーがあるからです。また女性の活動は、地域に生活感を持って根付いているからと言えるでしょう。つまり男性よりは、女性のほうが地域に根ざした活動があるからです。

一方、男性は、地域で活動する例は、女性に比較してかなり少ないようです。特に定年前後の男性たちと比べれば、女性のほうが地域では活躍していることが知られています。転勤を重ね、定年でやっと郷里に帰った男たちには活躍の場が意外とないのです。

事例　手作りマップが自分とまちを変えた

鹿児島県姶良市の「あいあいマップ」という手作りのA３判のマップがあります。「何の魅力もないまちです」と当初は自分のまちに対する不満を漏らしていた長谷川きよみさん。あるとき、町内にはユニークな人が数多く住んでいることに気がついて、人物中心の手作りマップを作成してみました。彼女なりの手作りマップづくり活動を通じて、「なんと素敵な人が多いまちなのでしょう」「こんな素敵な人が多く住んでいるまちに自分も住んでいるのだ」という喜びが、地域に対する誇りに変わっていきました。多くの人々に接している間に、彼女は、自分の住むまちに深い興味を持ち始めました。そして誰よりも自分のまちが好きになったというのです。

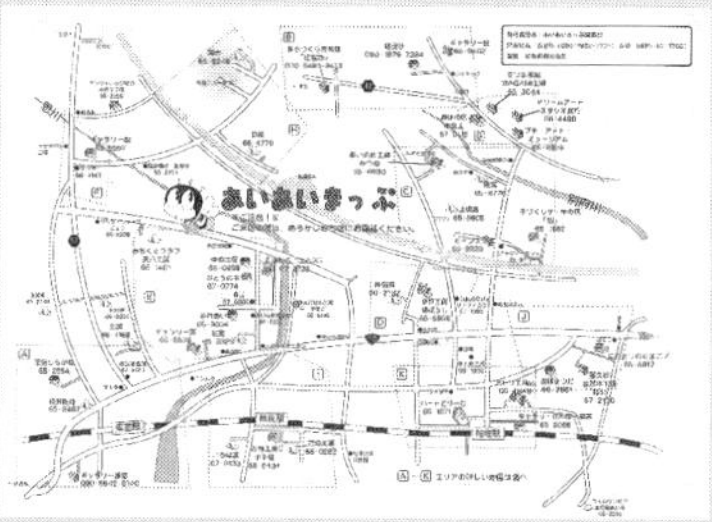

あいあいマップ

人は、自分のまちが好きになった瞬間に、自分の中のまちは変わるものです。わがまちを愛おしく思うとき、心の底から、まちも変わるのです。彼女の活動は、その後、市内の小中学校からの依頼で授業にマップ作りの助言で手伝うことになったし、近隣の自治体の公民館事業等で指導することにもなりました。いつのまにかマップに載った手作りの店や、レストラン、工房、陶房などには、多くの人々が訪れるようになりました。おもてなしの活動の広がりは「あいあいマップがもたらした経済効果」と経済新聞にも報道されるほどになりました。あいあいマップの地域情報おもてなし情報が、企業誘致にいくつかの効果をもたらしたのです。このことから経団連の研修や、東京の大学でも注目され発表されたし、地方の自治体に知られるようになりました。その結果、彼女は主婦の立場から各地のアドバイザー的な役割を与えられるようになりました。そして、彼女が提唱した、マップに紹介されている手作りの店を一堂に集めるイベントには、なんと一万人を集め、大成功で県内に知れわたりました。しかも三年連続一万人集客を成功させたのです。

一主婦の活動に呼応した女性団体、おやじの会、子ども会育成会など、多くのボランティアが友情参加となりました。今では県内でも恒例のイベントとして、毎年その勢いを増しています。

地域に根付く女性の活動

姶良の女性たちの活動の成功のポイントは、町内のあらゆる集団と連携していたということです。すでに十版にわたるマップは、すべて手作りであり、何万部が広がったかわからないというほど。行政からの助成金等は一切、受けていない、いわば市民活動の強さです。「これこそが、私たちが進めるまちづくりなのです」と胸を張る女性たち。まったくその通りです。一万人を三年連続で集めてしまう女性パワーに、ただただ驚くばかりです。

筆者の実感では、まちづくりの主流は女性のようです。そのユニークさは、ひろがりといい、地域を巻き込むことといい、女性パワーを見せ付けているように思われます。姶良の「あいあいマップ」では、背後に「おやじたち」が支えています。表に立っている女性、それを裏で支える男性たち、この構図こそが、イベントの発展の秘訣であり、常道であるといえるでしょう。

安倍政権の特色の一つは「女性登用」のようです。これは男女共同参画社会という視点からは当然のことであり、「政策」というほどのことではないと思います。筆者が所属する全国生涯学習まちづくり研究会でも「女子力とまちづくり」という事業を実施しましたが、全国から集まる女性パワーは、男性のパワーを凌駕していました。華やかで魅力的な人たちが集まりますが、これが地域のパワーとなっているということが実感されます。

「地方創生」も女性が主役に

都会への人口集中を改めることをめざす「地方創生」は、安倍政権当時、首相が本部長となる「まち・ひと・しごと創生本部」のスタートと共に始まりました。その代表的な取り組みの「若い世代の結婚・出産・子育ての希望をかなえる」という取り組みも、女性を中心に据える重点施策となっています。出生率を高めるという悲願もありますが、その前に結婚もして欲しい。これらはいずれも地域活性化のカギでもあります。全国各地でいわゆる「婚活」イベントが流行しているようですが、そんなに簡単に結婚するわけはないと言いながらも、どのまちも婚活に関心を寄せているのは、人口減を止め、何とかまちを存続させたいという悲願が大きいからでしょう。

事例　四つのどうぞ

空き店舗が並ぶ、いわゆるシャッター通りがよみがえっているまちがあります。福島県会津若松市の駅前の通り会「アネッサクラブ」という商店街の女性集団があります。その商店街のおかみさんたちが立ち上がったというわけです。そのキーワードは「もてなし」を表す代表的なキーワードばかりです。すなわち「四つのどうぞ」です。まちを歩いている人にこの店で「どうぞお休みください」という代わりに、「お茶をどうぞ」「いすをどうぞ」「トイレをどうぞ」「荷物をどうぞ」というわけです。通りを歩く観光客にはありがたいも

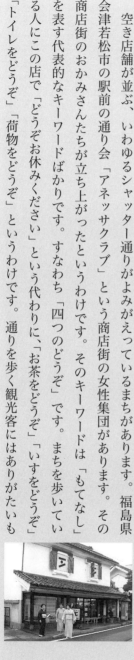

のです。しかも店先には、その家のお宝が展示されているので、つい店に入ってみようということになります。

これは商店街の「もてなし」として成功している一例です。女性パワーがまちのイメージを一新し、活性化したことで全国的に話題になりました。

◇バリキャリーゼ、ゆるキャリーゼ、シロガネーゼ

結婚・出産後は、バリバリ働くことはしませんが、かといって、補助的な中途半端な仕事へのキャリアダウンはしたくない。いわゆる、ゆるい仕事でもない。その中間の道を探ろうとする「バリキャリーゼ」と呼ばれる女性たちが増えています。仕事と家庭の両立を可能にする社会になりつつあると言うことでしょう。バリキャリーゼの特徴は、キャリア志向社員。ただ子育てで短時間勤務制などを利用する女性。特徴は、仕事で達成感を感じる人で、家庭生活の充実を重視するという女性。さらに、いざとなれば一家の収入の支えとなれる「とと姉ちゃん」（NHK朝のテレビ小説）みたいな人。今後多くなると予測されています。なお、そのほかに補助的な業務の正社員や派遣社員など、夫の稼ぎを補いゆとりを生む「ゆるキャリーゼ」も増えています。結婚・出産後も辞めない人が増え、広がる可能性が大きいといわれています。さらに、高収入の夫を持つ「シロガネーゼ」は、趣味や子育ての時間が取りやすいとされていますが。今後は男性の収入源から減少傾向は避けられそうもありません。そういえばバリキャリーゼを、働きやすくするような施策が、いま進められています。⑧

10. 観光立国に取組む創年

（1）観光立国の意義

わが国は観光立国を宣言しています。二〇〇三年七月（小泉総理大臣）に、わが国は「観光立国宣言」をして、国、地方自治体にも、経済活性化策の重要施策として観光振興が位置づけられるようになりました。二〇〇八年十月、国土交通省の外局として観光庁も発足して、観光立国推進本部を設置し、観光をめぐる政策を推進することになりました。

「住んでよし、訪れてよしの国づくり」を観光立国の理念として、以下の四つの基本的施策を位置づけています。

1　国際競争力の高い魅力ある観光地づくり
2　観光産業の国際競争力の強化・観光の振興に寄与する人材の育成
3　国際観光の振興
4　観光旅行の促進のための環境の整備

二〇〇九年に日本を訪れた外国人は約六七九万人で、予想以上に減少していましたが、政府は二〇一六年までに年間二千万人を目指していました。しかし、東日本大震災と福島原発事故の空前の被害の上、世界各国への風評被害などもあって、想像を超える被害に直面しました。当然、関連業界も、壊滅的な被害を受けたのです。しかし、観光立国の成果はその後着々と成果を上げ、年間の訪日客が二千万人を上回るようになっており、目標も三千万人に変更しています。

東京オリンピック・パラリンピックの開催決定から実施までの発展は、おそらく右肩上がりの上昇が予想されています。このことが、日本再建に貢献すると思われます。

(2) 観光の経済効果と影響

観光の経済効果

わが国が観光立国を推進するのは、広義の観光の意義に着目しているわけですが、直接的には、経済効果に強い期待を寄せているからです。観光が産業の柱になっているのは、ひとえにその経済効果があるからでしょう。それは、主に、来訪者の支出を獲得するとともに、社会に関して経済効果を及ぼすことになります。

観光では、宿泊、流通、交通などの直接的な経済効果のほかに、おもてなしのために、人々の生活や行動において、さまざまな範囲で多くの種類のサービスが行われています。今日では清掃から調理に至るまで、さまざまなサービスを代行する分野が広がっています。例えば「ホスピタリティ産業」が、サービスを専門として提供するようになってきたこともその表れの一つです。

もてなしの側（受け入れ側）の活性化

観光は、もてなし側（受け入れ側）の人々の活動を、経済的な面だけでなく収入の増加、生きがいの醸成などで刺激することが知られています。また活性化がさらに観光客を呼び込むことになるものです。経済的な営みのほかに、ボランティアや、学習成果の発表による生きがいづくりにも大きな影響を与えます。創年にとっては、刺激的な取り組みになると同時に、創年にふさわしい領域の活動になると言えるでしょう。

（3）日本の観光の現状

日本は観光新興国

日本の外国人旅行者数は、二〇一〇年で八六一万人。シンガポール一都市より少ないことから「観光新興国」と呼ばれているそうです。⑨

韓国やシンガポールなどより訪日観光客が少なかったわけですから、日本人としては意外に思ったものです。

日本は旅行消費量　世界第三位

しかし、一方で、日本の旅行消費量というのは世界第三位という数字も目に入ってきました。日本の二〇一一年の旅行消費量は二二・四兆円で、米国（二〇一〇年五六・三兆円）、ドイツ（二〇一〇年三〇・九兆円）に続き、世界第三位だったそうです。しかし、二二・四兆円の約九割を日本人による国内宿泊、日帰り旅行が占めていました。日本の旅行市場は規模が大きいこと、国内旅行の割合が圧倒的に大きいということが特色となっています。

国内旅行の消費が多いことが特色ですが、人口減少下にあるわが国では、今後は国内旅行市場には、大幅な成長は望めないということになります。そこで、海外からの訪日旅行者の増加策が、わが国が観光立国をした背景にあるというわけです。もっと多くの訪日観光客を増やすことが求められるのです。

観光でさらに伸びる

二〇一五年には訪日外国人観光客数が約二、一三六万人を突破しました。前年度に比較してアジアを中心に四六％伸びたと政府観光局が発表しました。二〇二〇年までに年間四千万人に増やす目標を掲げています。二千万人の目標を達成したのは、具体的には、「日本ブランドの磨き上げ」と「発信」、「ビザ要件の緩和」、「外国人旅行者受入れの仕組みを改善すること」などが、着実に実行されたことが大きいのでしょう。

いま、オリンピックとともに、当面の目標も三千万人へと期待を膨らませています。国際会議などＭＩＣＥ（ミーティング、インセンティブ、コンベンション、エキジビション）の誘致や投資促進などを、関係省庁で横断的に推進する動きも出ています。いうまでもなく、わが国は、経済の活性化をはじめ、日本の良さ、特に「おもてなし」に、さらに磨きを掛けるためにも、観光は、もっとも重要な柱であることはいうまでもありません。

急増が予想される日本への旅行関心

観光競争力ランキング一位

世界経済フォーラムが二〇一三年三月に発表した「観光競争力ランキング」「訪問客への姿勢」では、一四〇カ国中で日本が第一位。「観光の開放性」は一三七位。先進国の中では低位にあることが明らかになっています。世界最高のもてなしの日本は、観光の開放性では、かなり低いということになりますが、今後、観光立国の立場からは、開放が大きく進み、名実共に、世界の観光国になることはまちがいありません。他国を威圧し、世界に嫌われる国と違って、安全で安心、落とした財布が帰ってくるという、他国民があこがれる日本に近づきつつあることを実感します。いいですね日本。

（4）観光立国に取組む創年　これからの日本は観光が柱

観光は総合的な営み

わが国が観光立国を宣言し、海外からの観光客を招き、経済の活性化を図るという政策は間違いではありません。しかし、基本的に観光を経済の立場からだけで振興するのは、短絡的過ぎると思われます。観光がすべての人々にとって有益であり、関わることは人々の成長につながることが期待できるからです。それは「おもてなし」が基本にあり、その「おもてなし」（人々へのサービス、ホスピタリティ）は、すべての人々がよりよく生きるため、自分を高めるために必要なことだからです。

観光の「おもてなし」のためには、個人の力を高めるとともに、組織全体、地域全体の力を総合的に高めることが不可欠です。それは大きく、まちづくりにつながるものです。なによりも「個人の高まり」は、生涯学習が基礎にあるものです。その点でも、観光は総合的な営みです。観光業者だけのものではなく、すべての市民の参画によるものなのです。そのための観光行政もあるわけです。

観光立国の基本は「おもてなし力」

これまで観光立国は、「おもてなし力」が決め手であることを繰り返し述べてきました。日本のおもてなしの力は世界最高であるといわれています。事実、海外旅行してもそのことは随所で感じられます。最近では、経済大国になってきた中国も、サービスについては日本に学ぼうとする姿勢を鮮明に打ち出しています。日本のように全国隅々まで、もてなしの気風がある国には遠く及ばないと見ているようです。

確かに日本の最大の強みは、「おもてなし力」でしょう。だとすればこのおもてなしを、もっと充実しなければなりません。「おもてなしは相手を大切にする気持ちの顕われ」です。だとすれば、おもてなしの力は、世界と手を結び、共感的な関係で生きる日本の生き方でもあると思われます。

もてなし力を身に付ける「生涯学習」

おもてなしの力量を高めるためには、市民一人ひとりの自覚と資質の向上を図ることが大切です。そのためには、一人ひとりが目標を定め、常に学び続けることが何よりも必要です。

自己の充実・啓発と生活の向上のため、生涯にわたり学び続けることが生涯学習です。日常生活の中で自己を高めるために学び、その成果が正当に認められ活用されることで、ますます学習が促進されるものです。人のために成果を生かすことは、ボランティアにも通じることです。人のために成果を生かすボランティアは、学びあう姿勢と相手を尊敬することに、生涯学習と共通するものがあり、人間関係を高めるすばらしい行為でもあります。「おもてなし力は生涯学習力」ということができるのです。

生涯学習社会は、生涯学習まちづくりとつながる理想的な社会づくりですが、「おもてなし社会づくり」といっても良いと思います。すべての人々が「おもてなし力」を高めるためには、改めて観光教育が必要です。「観光学習」が生涯学習の重要な領域であることを確認したいと思います。「おもてなし」は文化です。また、おもてなしは「人間力を高めること」とつながります。観光立国にふさわしい学習を、国民的規模で進めていきたいものです。

（5）観光は市民活動にふさわしい

観光は、観光業者がするものでしょう、とか、市役所では、観光課のする仕事が観光ですか、などという声がありますが、それはまったく理解のない人々の声なのです。

観光は優れた市民の活動ですし、教育や学習が最も必要とされる分野です。中でも創年の活躍が、観光の振興に大きく影響するものです。観光について最低限の学習を勧めたいものです。

観光の語源

「観国之光、利用賓于王」（国の光を観るは、もって王に賓たるに利し）。中国の「易経」「五経」の一つにある言葉で、「観光」の語源だといわれています。

「その地方の優れたもの、すばらしいものを、その地方の代表者、権力者のところに来られる賓客にお見せして、おもてなしすることは良いことだ」という意味です。地域の優れたもの、すばらしいもので「もてなす」ということです。

「光を観る」とは、他国の優れた制度や文物を視察するという意味です。「観る」とは、示すという意味もあり、国の光を誇らしく示すということになります。

国の「光」とは、自然の美しさ、歴史、文化、伝統芸能、産業、制度など、あらゆる分野にまたがるものです。これらの光を、心をこめて、目に見えないものも含めて「観る」というのが本来の観光ということになります。

今日、観光の楽しみ方が変化してきました。従来の景観鑑賞というパターンに加えて、生活と人々とのふれあいが主流になりつつあるようです。身近な生活を見て、普段着の人々とふれあい、普段の食べ物を楽しむという着地型観光が、観光の主流になるといわれています。それだけに、住民が、日常生活の楽しみ方で、客をもてなすということが極めて重要なことといえるのです。

日本には、大震災から見事に復活した姿、奇跡に近い様子でさえ世界に示すことができる力があります。マイナスからのスタートですが、観光は美しい姿を創ることであり、その努力の過程はさらに観光資源としての価値を高めることになるものと思われます。例えば、市民の観光への取組み、「地域の光」への関わり方には、次のような五つの手順を追って考えることもできます。

地域の「光」に関わる様々な手段

サ　探す　　観光資源を探す
シ　調べる　　地域資源を調べる
ス　推理する　資源の成り立ちや、過去未来を推理する。あるいはそれらを推定し、その目標を達成する計画を考える
セ　整理する　まちの数多くある資源を整理し、新しい側面を発見する
ソ　創造する　光が見当たらなければ、地域の宝を創造すること。「雪合戦発祥の地」などは、全国に先駆けて名乗り、イベントを創ってしまい、既成事実をつくったものです。

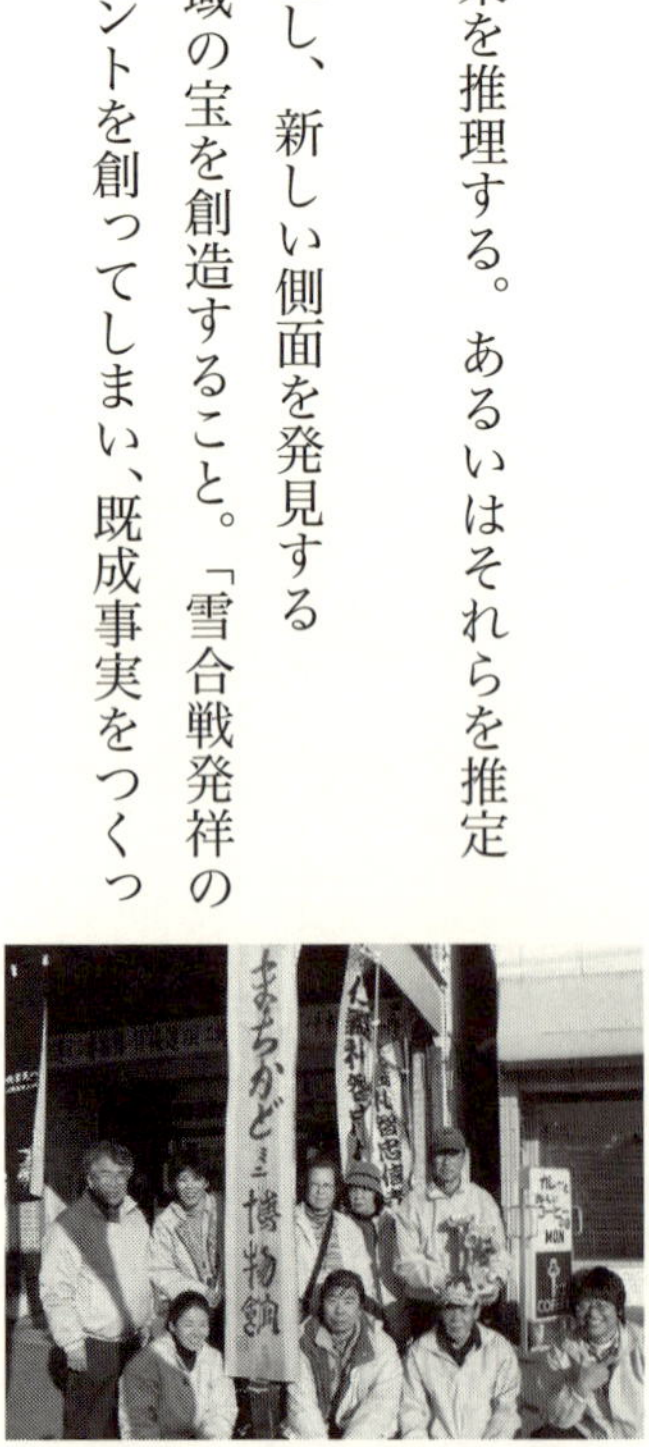

まちかどミニ博物館

これらの「サシスセソ」の各項目は、いずれも市民の「学習」を基本に置くことで可能になるものです。例えば、創年の関わる領域として、観光資源を探すこと、磨くこと、調査することで、調査研究の分野は限りなく広

がります。もちろん学校教育現場においても、「サシスセソ」の各項目は重要な教材として、また興味を拡げる分野として取り上げることも重要です。

また、「観光は国の光を心をこめてみせる、誇らしく示すこと」ですから、日常生活を誇らしく示せるように高めることも必要です。市民の観光に関わる領域は広く、それだけに、誰でも観光に関われるということになります。

（6）創年の旅の楽しみ方

旅の味わいは創年の「おもてなし」で、楽しむことです。

創年の希望も、観光がトップ

かつて団塊世代について「今後五年くらいの間にお金をかけたいこと」について、調査したことがありましたが（JTB総合研究所）、項目のトップは、「旅行」で七〇・三％、「健康維持」（四二・三％）、次いで「子どもや孫への支援」「新築・リフォーム」「趣味」がそれぞれ二〇％程度となっていました。現役を退いた世代ですが、旅行については強い関心があることがわかっています。国内外の観光については、ますます拡大することが予想されます。創年は、自らが観光の実践者であり、受入れ（おもてなし）の中心になることはいうまでもありません。

平和で、安全で、美しい日本。道徳的で、おもてなしは世界一、知性と道徳心は抜群の日本。こういう評価は、かなり耳に入るようになりました。本当かな、とも思いますが評判に違わぬ日本にしたいものです。

ニューツーリズム

ニューツーリズムというキーワードが、観光振興の波として脚光を浴びています。

ニューツーリズムとは、旅先でしかできない体験や地元の人との交流を重視した新しいタイプの旅行を総称したものです。旅行会社が主導して観光地を観て回る従来型の「マスツーリズム」に対し、観光客を受け入れる地域のアイデアを生かすのが特徴です。エコ型、交流型などが多いのですが、検討中という段階も加えると、次のようなプログラムが、新しい旅行ニーズとして関心を集めているようです。

1　エコツーリズム　自然環境について学ぶことを主眼とする
2　グリーンツーリズム　自然体験や農業体験などを取り入れたもの
3　スポーツアートツーリズム　スポーツや芸術文化を楽しむことを主眼にした旅
4　医療ツーリズム　治療や療養目的の外国人を対象にしたビジネス。患者が国境を超えて病気の診断や治療を受ける医療ツーリズム
5　産業観光ツーリズム　地域の産業や遺跡について学ぶもの
6　ワインツーリズム　ワイナリーを回る旅行
7　ライフスタイルツーリズム　リタイヤしてゆったりとそのまちに住んでいるがごとく心を開放するライフスタイルを楽しむ旅
8　ブックツーリズム　観光と図書館を楽しむ
9　ダークツーリズム　自然災害や人の過ちによる負の遺産を見つめる旅
10　巡礼ツーリズム　宗教が観光に取り込まれた旅で、お遍路など

そのほか、フードツーリズム、アクアパーク、アグリパークなどを巡る旅があります。

ユニバーサルツーリズム（バリアフリー旅行）

障がい者や要介護者を元気に、あるいは高齢者や障がい者ツアー、子連れ旅行など、気兼ねなく旅行できるようなシステムの「ユニバーサルツーリズム」が広がりつつあります。足腰や体力に自信がなくても参加しやすい団体ツアーとして、「杖、車椅子で楽しむ旅」「人工透析が受けられる海外ツアー」聴覚障がい者向けの「しゅわ旅なかま」などユニークですが、今後、普及し日常化することが予想されます。

創年としては、ユニバーサルツーリズムの普及は、その利用者（旅行者）としてはもちろん、働く場としても可能性が広がってきそうです。これらのツーリズムは、今後、工夫次第で観光客を呼び込める可能性が大きいと言われており、全国の自治体がそれぞれ必死に取り組んでいる実態があります。

（7）「観光まちづくり」の目的と効果

「観光まちづくり」と、その目的

観光まちづくりとは、「地域が主体となって、自然、文化、歴史、産業、人材など、地域のあらゆる資源を生かすことによって、観光・交流を振興し、活力あるまちを実現させるための活動」といわれています。観光にウェイトを置いた「まちづくり」であり、観光振興の重要性を踏まえたまちづくり手法を指しています。旧来型の均一化した観光地づくりから脱却し、地域に根ざし地域の個性を十分に活用したまちづくりのことで、地方創生の目玉にするところが増えています。換言すれば、まちに旅行者を受け入れ、交流人口を増やすことで活力あるまちづくりを推進することが「観光まちづくり」というわけです。

具体的には、市民が日常的に「もてなしの風土」を築くことでもあります。訪れる人々が魅力を感じるようなまちは、住民が誇りをもてるまちです。これこそ「観光まちづくり」の「もてなしの風土」を創ることといえるでしょう。そして、「観光まちづくり」は、何世代にもわたり知恵と工夫を重ねて創り出すもので、継続することが何よりも大切です。

観光は、地域の品格づくりであり、まちづくりである

本来、観光とは、まちが持っている価値ある固有性を見出し、それを磨き光らせることによって、まちを活性化させることです。それは、訪れる人にとっても住む人にとっても、住みたくなる、訪れたくなる、いいまちをつくっていくことです。住み良い人々の生活を外部の人々が味わうことも、今日の観光のあり方としてのひとつの傾向ということができるでしょう。したがって「観光」と「人々のまちの生活」とを各々に分離することなく、一つのまちとしてまとまりをもって全体を構築するという、まちづくりの視点が必要です。

観光まちづくりの効果

こうした「観光まちづくり」は、まちや人々に次のような効果をもたらすことが知られています。

ア　観光関連産業の成立　旅館業、飲食業、みやげ物産業などが成立する

イ　雇用の増大　観光関連産業での雇用が増大する

ウ　高齢化への歯止め　若年雇用が進めば高齢化にも歯止めがかかる

エ　地域産業への波及　地元食材の利用などによる農林水産業への効果
オ　自治体財政の健全化　観光関連産業からの税収アップが期待できる
カ　住民の意識向上　旅行者が増加して外から見た地域の魅力の再発見
キ　住民の郷土愛が向上する

また、観光まちづくりを推進することによって、地域資源の見直しが進むとともに、その保全と有効な利活用が図られることも考えられるのです。地方創生のめざす方向と一致しているように思われます。

観光は、どの地域にも可能性がある

かつては温泉街があるとか、目を見張るような絶景があるとか、歴史的な遺産があるとか、それがなければ観光地であるとは思われていなかったのですが、温泉がなくても、大自然の絶景がなくても、多くの観光客が訪れるまちが存在しています。それは、ハードではなく、むしろ「ソフトづくり」に成功しているまちです。いったい、まちをあげて、観光地のソフトづくりに取り組むことができるのでしょうか。もちろん答えはイエスです。

先にも述べましたが、地域の光を「探し」「調べ」「推理し」「整理し」、もしこれという「光（宝）」が見つからなければ、新しく「創造する」ことで創り上げればいいのです。少なくとも地域の特色を強く意識し、創り上げていく必要があります。北海道壮瞥町の「雪合戦発祥の地」、長崎県崎戸町の「スケッチのまち」などはその成功例の一つです。

その前に、市民が自らを高めるための学習をし、市民性を高めることが前提にあります。その意味では、「何もないところから創り上げる」という市民の活動が夢を広げるのでしょう。

アダプトプログラム

地域の創年たちが、ふるさとの美化清掃などに活躍する地域貢献の例が数多く見られます。こうした活動が、地域の人々に親しまれ、参加者の士気も上がるのでしょう。そうした活動のなかで、市民と行政が協働で進める新しい「まち美化プログラム」として、アダプトプログラム（adopt program）が注目されています。

アダプトとは、英語で「○○を養子縁組する」の意味です。一定区画の公共の場所を養子にみたて、市民が、わが子のように愛情と責任を持って美化を目指して面倒を見ることです。具体的には、道路や公園、河川などの公共の場所において、市民団体や企業が美化活動を行い、行政がこれを支援するという制度のことです。全国的にこの取り組みは広がっているので、すでにこの活動を推進している人が、読者にも多いと思いますが、今後とも積極的に進めていくことが求められます。創年の出番がここにもあります。

（8）エコミュージアムと地方創生構想

エコミュージアムとは

エコミュージアムとは、いくつかの定義がありますが「一定の地域における時間と空間、人間と環境の関係を示す新しいタイプの博物館」「地域住民が地域を理解・発見し、地域アイデンティティを獲得することを目指す活動」で、「生活環境博物館」「まち全体が博物館」などといわれています。そのエコミュージアムには、基本的に、テリトリーの設置、コア・ミュージアム、サテライト・ミュージアム、ディスカバリー・トレイルという、以下に述べる四つの要素があります。

①テリトリー（Territory）

テリトリーエコミュージアムは、各地に分散している資料や遺産を現地において保存することを原則としているものです。そのため資料や遺産が分散されている範囲を境界領域と定め、その領域のことをテリトリーと呼んでいます。テリトリーの範囲は市町村の一部、市町村区域、複数の市町村にまたがる等さまざまな形態があります。

②コア・ミュージアム（Core Museum）

本部的機能のコアミュージアム。研究室、図書室、展示室などがあり、エコミュージアム全体の総合案内センターとして事業の企画や全体運営をするところです。地域によっては公民館がその役割を果たすことになるかもしれません。住民が学習し、エコミュージアムに関する情報が集まり、それを発信するセンターというわけです。

③サテライト・ミュージアム（Satellite Museum）

サテライトとは、テリトリー内の現地で保存している遺産のことです。これらを展示している複数の独立した「衛星博物館」も意味しています（フランスではアンテナとも呼ばれている）。サテライトは山・河川・湖沼・森林等の自然遺産、歴史的な町並み・民家・古墳などの文化遺産、鉱山・農場・生産工場等の産業遺産もあります。また、目には見えない風俗、習慣、伝統など文化遺産、庶民の歴史の中でのさまざまな記憶や知恵、エピソードなど、一カ所収集ではなく現地保存が原則になっています。いわばこれは観光の「光」にあたるものです。

④ディスカバリー・トレイル（Discovery Trails）

サテライト周辺の自然探索路等を「発見の小径」と呼んでいます。利用者にとってすべてが新しい発見の連続であることから名付けられたものです。いわばサテライトをつなぐ連携のコースといっても良いものです。見学コースは、観光資源（ディスカバリー・トレイル）とも共通しています。また、この場面で見られるのは観光ガイドと言っていいでしょう。

まち全体が博物館

エコミュージアムは、わが国では「まるごと博物館」として、いわばまち全体が博物館を標榜しているところが少なくありません。その場合、住民は、自ずと博物館の利用者となるわけです。同時に、博物館に存在する職員ということにもなります。そのため、当然、住民は、地域全体について学び、対外的にもPRする立場にあります。したがって、まるごと博物館は、地域を学び伝える人材の育成が、極めて重要な要素になるわけです。

地方創生とエコミュージアム

エコミュージアム構想は、地域資源を発見し、それを活用して地域の総合的な活性化を目指す点では、いわゆる「地方創生」手法の目玉といってよいものです。このことから、東京・青山にある事業構想大学院大学では、事業構想研究所のプロジェクト事業として「エコミュージアム地方創生事業構想」の研究を実施しています。博物館の一形態と理解されるエコミュージアムを、「エコロジー」だけでなく「エコノミー」を強く意識した側面に着目して、新まちづくりとして構想しようとしているものです。

地域の魅力を発掘し、磨きをかけて、観光や産業の振興に活用する取り組みを進めることが、地方創生のまちづくりを進めることになるのです。そのためには、市民が主役でなければなりません。その代表的な取り組みが、千葉県館山市に見られます。

事例　市民活動がすすめるエコミュージアムの取り組み

◇館山まるごと博物館づくり　安房文化遺産フォーラム

館山市のＮＰＯ法人安房文化遺産フォーラムは、稲村城跡などの保存・活用運動を続けてきました。身近な自然や有形無形の文化遺産を「館山まるごと博物館」としてとらえたものです。市内に残存する赤山地下壕をはじめとする戦争遺跡、里見家に関わる研究、市民が主役のまちづくり活動に取組んでいます。具体的にはこれらの地域の資源を活用し、広域的なイベントの開催や、エコミュージアムにかかる研修を早くから進めていたのです。

ＮＰＯ法人安房文化遺産フォーラムは、一九八九年に安房地域の戦争遺跡の調査・保存を目的に活動を開始し、太平洋戦争中「海軍のまち」だった館山市の当時の歴史掘り起こしに活躍してきました。さらに戦争遺跡を保存し、平和学習に活用する取り組みをつづけています。活動の成果でもある館山海軍航空隊赤山地下壕跡は、館山市指定史跡となり、広く知られるようになりました。今では、見学者は年間三万人を超えるようになりました。

歴史研究家で理事長の愛沢伸雄さん、ＮＰＯ運営の事務局長池田恵美子さんのリーダーコンビを中心に、関和美さんなどのボランティア会員は、いわば全国の創年運動の旗手といっても良い人たちです。

これまでの実績が認められ、文化財保存全国協議会が、文化財保護に功績のあった個人・団体に授与される和島誠一賞や、「明日のまちくらしづくり活動賞・内閣官房長官賞」などを受賞しています。

◇青木繁「海の幸」が描かれたまち　館山市富崎地区

房総半島南端の小さな漁村、過疎化が深刻な館山市富崎地区（布良と相浜）。青木繁「海の幸」がここで描かれたことはあまり知られていなかったようです。しかし、ゆかりの文化を活かして地域活性化を図ろうと、NPOと富崎地区コミュニティ委員会の呼びかけで、平成十六年からまちづくりへの取り組みがはじまりました。地域で創年たちは、生涯学習に関する学習、まちづくり学習、エコミュージアムの手法など、地域の活性化をワークショップで学んできました。活動は、全国生涯学習まちづくり協会のスタッフも加わり、地域アニメーター養成をはじめ、人材の養成から始まりました。地域の人々が本格的に動き始め、リーダーたちの計画は着々と実現していきました。

また、青木繁が富崎地区に逗留し「海の幸」を描いたという史実を元に、青木繁が宿泊した家を保存し、研究成果をエコミュージアムの構成を下敷きに、さまざまな取り組みを展開してきました。それらの成果は、国や県の歴史遺産として評価され、文化財として再建保存計画が実現したのです。いまや、館山市富崎地区（布良地区）は、美術の聖地としての新しい魅力を地域に生み出しつつあります。

特に、青木繁を研究する美術家たちも、画壇の聖地としての小谷家住宅を後世に残したいと、修復基金を創出する目的でNPO法人青木繁「海の幸」会を設立しました（理事長は大村智氏・ノーベル医学生理学賞を受賞）。地道な活動の結果、修復基金を充足して平成二十八年四月二十九日、青木繁「海の幸」記念館・小谷家住宅が開館しました。

市民ガイドをリードするNPOですが、市民を巻き込む学習は徹底しており、最近では行政の協力も得られて、国内外の視察が増えるなど、今では館山市随一の観光活動といってもいい状況です。行政をリードする市民活動として評価される側面もあるようです。

11. まちづくり特論

なかなか話題にはなりませんが、まちづくりに大きく貢献している分野が、数多くあります。生活に身近に位置づいているもので注目される、図書館、郵便局、お寺のまちづくり活動について紹介します。

(1) 図書館はまちづくり情報センター

図書館に行けばまず目につくのは、高齢者が多いということです。読書する人、新聞を読む人、眠っている人もいます。図書館が愛されている証左なのですが、一日を過ごすのに格好の場という偽らぬ気持ちもあるかも知れません。もしかしたら司書にとっては頭痛の種なのかも知れません。しかし、図書館に行くという行為は、まずお勧めです。こういう人々に図書館ボランティアでも依頼すれば案外、大きな戦力になるかもしれません。実際には充分心得て、図書館なりの戦略で、うまく活用を考えているのかもしれません。まちの人々の実態を、しっかり把握している図書館が増えた実感を持っています。

福井県鯖江駅の喫茶店図書館の、ごく当たり前のように何気なく存在する雰囲気がすっかり気に入ってしまいました。図書館がまちに溶け込み、中には積極的にまちづくりに貢献している例も増えています。

「もったいない図書館」（福島県矢祭町）

「不要な図書がありましたら、私たちのまちの図書館に送ってください」という呼び掛けに、全国から善意の図書が集まってできた矢祭町の「もったいない図書館」。全国的に話題になって以来、図書館活動のほかに新しい動きが現れていました。それは、図書を寄贈した人々が、いま自分が寄贈した自分の本が保管され利用されているまち、図書館に出会うために、多くの訪問者たちとして訪ねてくるようになったことです。そして利用者をもてなす図書館の姿勢が、内外に理解され、ますます発展している図書館です。このように図書館がかつてないまち随一の観光スポットになっているという予想外の影響に、「合併しない町宣言」以来の、全国の話題になっています。

このように従来の観光地のイメージではないのですが、全国的に周知され、地域の人々もますます連帯を深め、まちに誇りを持ち、活動を進めることによって立派な観光となっているのです。この背景には、「おもてなし」（サービス、ホスピタリティ）のありかたが、結果的に具現化し、地域に定着していることが上げられます。地域をあげてのもてなしを、訪問者が感じているのです。また、「子ども図書館司書」制度など先導的な取り組みでも、いまや全国をリードする図書館になっているようです。

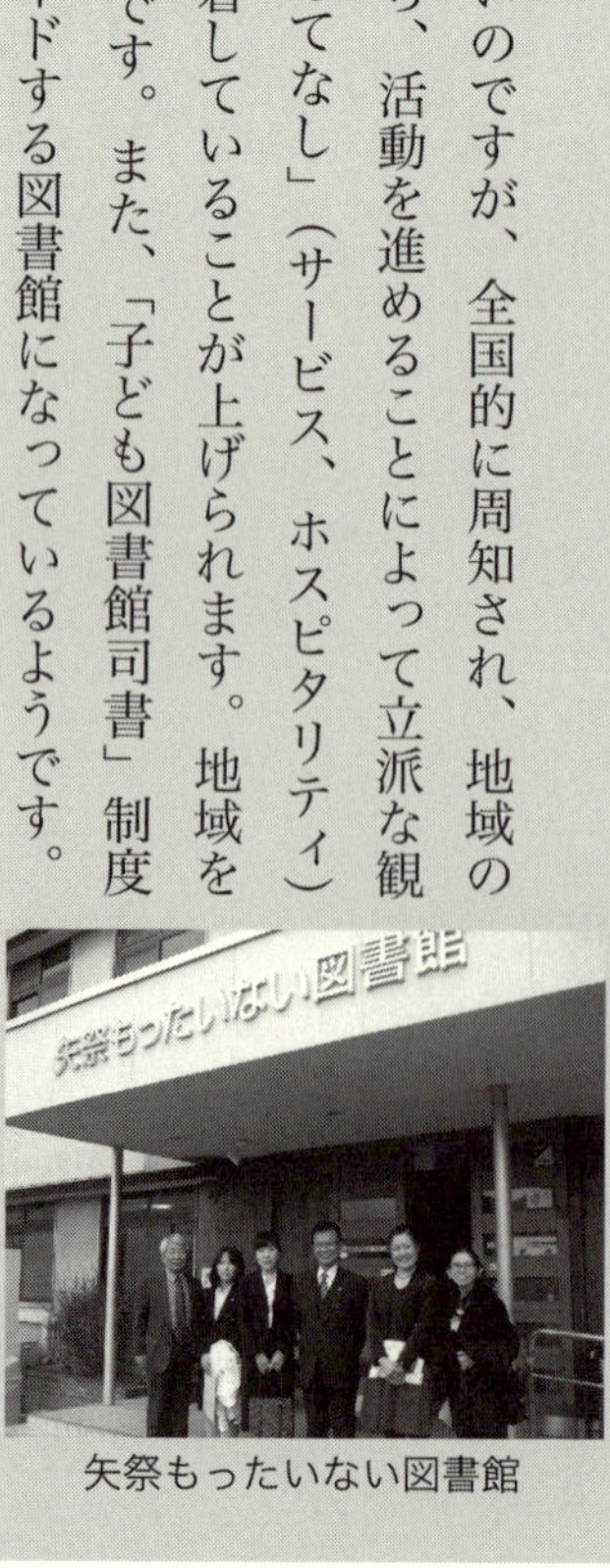

矢祭もったいない図書館

新しい動き・指定管理者制度　期待される利用者へのサービス向上

行政のスリム化の一環であり、民営化の一環として、公的施設については、指定管理者制度が普及してきました。これは民間事業者や団体・ＮＰＯなどで、適切に運営できる団体等を指定し、公的施設の管理運営を委託することです。実際の現場では、利用者にとってはサービスの向上が実感されている場合も多いため、この制度を活用する自治体も増えています。

多くの図書館で、民間事業者が施設の運営等を行うようになっています。わが友人たちは、こうした状況に対してとても歓迎しています。現に多くの図書館でも「利用者へのサービス向上が図りやすく」をモットーに民間委託を行っており、成功しているものが多いようです。たとえば、図書館の場合、開館日数の拡大や開館時間の延長など柔軟な運営が可能であり、実際に利用者からは圧倒的に支持されているようです。しかしたまたま図書館のOB職員などが関与している場合はいいのですが、やがて契約が切れて他の業者に代わって、うまくいかなかったという例も耳にします。利用者が職員を育てる側面も大事にしながら、日常的な読書推進活動等を通じて、より良い図書館になってほしいと思います。

図書館と地域を結ぶ組織・ひと　ＴＲＣ図書館流通センターの場合

こうした背景から、多くのノウハウをもつ、地域に密着した図書館づくりに、株式会社図書館流通センター（ＴＲＣ）が注目され、今では各地ですっかり定着しています。ＴＲＣは、図書館界では広く知られ、新しい管理・企画の事業所として専門的な委託に耐えられる屈指の企業として発展しています。多くの専門スタッフを擁して、これからの図書館のあり方、新しいシステムや、まちづくりに大きな影響を与えています。今後、ますます全国的に広がっていくものと予想されています。その活動のひろがりは、地域における図書館を大きく変えています。

ＴＲＣは、一九七九年、出版界の総意により社団法人日本図書館協会整理事業部の業務を継承する形で設立されたものです。当時の苦難を克服して、現在では、情報化社会の課題を多く抱える図書館界のリーダーとして、先導的に図書館の成長に貢献しています。

東京都の茗荷谷駅前に新しく本社ビルが完成し、図書館の社会的な役割を支援する拠点として活動が拡大しています。これからのわが国の図書館界をリードする責任を担う体制を確立して、その自信をあらわしているように見えます。ＴＲＣは、情報化社会の進展に伴う図書館のシステム化への流れを的確に捉え、その発展に大きな影響を与えていることから、行政の支持も高いようです。従来のカードによる検索は、書誌データベースによる検索へと進化しましたが、そのため図書館機能は格段に向上し、利用者サービスも飛躍的に高まったのです。⑩

まちづくりに果たすＴＲＣの機能

ＴＲＣパンフレットに「まだまだもったいない、図書館の本当の実力」というキーワードがあります。そのなかに「自分で問題を解決できる自立した人々は、地域の活力の源です。図書館は自立した人々をつくり、地域は彼らに支えられて成長します」と述べられています。地域の文化をサポートする司書、活用しないと「もったいない」を解決する三つの要素に「場」「人」「図書」をあげています。

それぞれ、「図書館の集客力を地域の活性化に活かす」や、「専門のプロを育てる」「必要な本がすぐ見つかる」など、現代の図書館に求められている機能を発揮していますが、このことが広く認識され、ＴＲＣへの信頼を高めているものと思われます。さらに最近では、「図書館とまちづくり」を考える図書館や自治体が増えているように思われます。ＴＲＣの影響があるのかもしれません。

ＴＲＣが、まちに存在する強みは、図書館利用者へのサービスの向上、運営コスト削減の直接的なメリットのほかに、地域への文化的、経済的なメリットを感じさせている現実があるようです。

今後、ますます拡大する図書館の指定管理者委託には、単に図書館の運営・指導だけでなく、現在の青少年の読書運動の推進支援や、高齢社会における対応も考えてほしいものです。その一つに創年を対象とすることを意識すれば、新しい図書館運動も、社会貢献もさらに広がってくるような気がします。創年が支える図書館は、新しい日本の図書館界に話題を提供するでしょう。まだまだ面白い存在になりそうなTRCに期待が集まります。

図書館が、高齢者のたまり場

図書館が、地域の高齢者のたまり場であってよいのかどうかはわかりません。が、少なくとも図書館利用者としているならば、それはそれで問題はないのかもしれません。これは創年として意識された皆さんが、図書館を拠点として、例えば子どもの指導として活動されるとなれば理想的ですが、試みる価値はありそうです。

志布志市創年市民大学受講生たちが、図書館に拠点を変えて、エッセイを学び、それが全国エッセイコンテストに発展しました。国民文化祭の会場を飾った市民の姿は、すばらしいものでした。ここでは創年の戦略拠点として、図書館が貢献している姿を見ることができる図書館です。市民大学と図書館の結びつきなど、ますます発展することを期待させるものがあります。

数年前、筆者は「図書館がまちを変える」（東京創作出版）という小著をまとめました。以来、なぜか図書館がまちづくりとかかわるという事例が、数多く耳に入るようになったような気がします。その後、各地で、図書館の話題が多くなったのは、時流なのでしょう。

鳥取県北栄町の図書館。ここにはまちのエース「コナン」が、図書館の中央に位置づいていました。北栄町は、人気のアニメ「名探偵コナン」の作者のふるさとで、コナンが看板であることは言うまでもありません。コナンコーナーが、人気を集めているのです。コナンのまちの生涯学習に火をつけたのは、およそ二十年前に生まれた大栄まちづくり研究会のスタートでした。いまでは創年の代表的な集団に発展しています。図書館運動の起爆剤になったようです。そして図書館が魅力的に運営され、まちづくりの基礎に位置づいているように見えます。一度、訪ねてみてください。まだまだ山ほどの図書館が、まちづくりに貢献する図書館を目指しており、今後も多くのまちで、図書館をまちづくりのシンボルにしようとする試みが広がってくることを楽しみにしています。

小さな、駅の図書コーナー

千葉県酒々井町。京成酒々井駅の改札口を出ると目の前に、図書コーナーが設置してあります。町内に、図書コーナーを設置しようと運動を進めているのは、酒々井町まちづくり研究会で活躍される杉山修さんです。駅では、通勤者が無料で本を借りて、読み終えたらその場に返却するというもの。この運動に、賛同する町民から多くの図書が寄せられ、うれしい悲鳴をあげています。町内各所にこうした図書コーナーを設置して、町民の読書運動を盛り上げようとする動きが次第に盛り上がっています。もう一つの駅、JR酒々井駅にも設置されていますが、手が足りないと、喜びと張り切り声が伝わってきます。町民にとって、こうしたグループや人々が町に存在することだけでも、大きな誇りになると思われます。

(2) 郵便局でまちづくり

郵便局はふるさとの象徴であり、コミュニティ形成の重要な要素である

筆者が所属するNPO法人全国生涯学習まちづくり協会では、かつて、会員へのはがき通信を「通心」と名づけたことがあります。はがき一枚ですが、会員を繋ぐ工夫をした通信として好評を得ていたという思い出があります。はがきは、会員の連帯感を深める役割として、予想以上に効果を上げていたのです。

郵便局は、小学校の校舎のある風景とともに、ふるさとの象徴であり、ふるさとに欠かせない風景そのものです。また、地域の生活のすべてにつながり、すべての人々をつなぐ社会的な装置でもあります。郵便局が、いま、まちづくり、地域づくり、人づくりの拠点として復活の兆しをみせてきたようです。地域に貢献することが重要であることを認識しているからです。郵便局がまちづくりに果たす役割が大きいという認識を、郵便局関係者たちも、あらためて強く認識するようになっています。

郵便局は、まちのホスピタリティの拠点

人々の生活に深く根ざしている郵便局は、地域のシンボルです。「赤いポスト」が、シャッタースポットとなっている場合もあります。郵便局は、地域のガイドの拠点で、ふるさと情報の拠点でもあります。また、最近では、ふるさとと産品の発信基地としての期待も高まっています。

これまで以上に郵便局には、通信のほか情報提供、観光、生活情報、流通等の機能が加味されることが期待されています。そのためには、人的体制の充実が必要です。さらにそのための地域ボランティアを含めた、地域活動をすすめる新たなシステムの研究が不可欠となっています。

世界的に先進国の間では、日本の女性の社会的な進出は、自慢できるものではなかったようです。しかし、東京都の女性知事誕生で幾分、女性の力が増してくるかもしれません。各地の郵便局の活動にも、かなりの女性の活動が報告されています。とはいえ、それでも郵便局には女性が活躍しているという印象はありません。

切手を買うのも手紙を書くのも、郵便局に通うのも女性が多いようです。一般に女性のほうが日常的に郵便局

に近い位置にいるような気がします。そこで、郵便局にもっと女性が参加し、地域サービスの拠点として郵便局運営に積極的に関わることが、活性化に必要かもしれません。

多様な地域イベントの開催

最近の郵便局は、地域ごとにまちづくり事業を実施し、あるいは自治体と協力して事業協力などを熱心に続けています。例えば、通信文化新報によると、局長研修会などで地域貢献活動が各地の実践例として発表されており、多様な活動が展開されています。地域に定着を目指す郵便局の取り組みの例は次の通りです。⑪

・地元の祭りや各種イベントへの参加
・局舎の一部をイベントスペースとして開放し、切手展、伝統工芸展、デザイン書道展の開催
・手紙書き方教室の開催、趣味の教室の開催
・ミニバレーボール大会、さわやかラジオ教室、グラウンドゴルフの開催
・カフェの経営

郵便局の設置形態が異なってきた現在、地域との一体化は郵便局の使命ともなっているのです。

(3) お寺でまちづくり

誰しもふるさとは、懐かしく美しいものです。「ふるさと」で目に浮かぶのは、多くは美しい農村風景ではないでしょうか。農村風景の中で、それも、ある秋の美しい青空。青い山や川、赤とんぼ、紅葉、小川など、記念

切手にも、たしかそういうものがあったような気がします。そのなかにお寺の古いたたずまいがあったものです。

ふるさとから消えたもの、それは、例えば銭湯であり、小さな木造の学校であり、駄菓子屋であり、鎮守の森であり、お寺でしょう。そのお寺が、今、新たに見直され、さらに問題が顕在化するなど、話題が増えてきつつあるように思われます。

全国にあるお寺は約七万。コンビニに匹敵する数です。もしこのお寺が、まちづくりに寄与するとすれば、地域にとって大きな力になるでしょう。もともと、お寺は昔からまちづくりの拠点でもあったのですから。

コミュニティ再生にお寺の挑戦

「コミュニティの再生に何かしたい。往年の役割を果たしたいのです」と、お寺の若いお坊さんたちが訪ねて来られて、話をしたことがありました。今、全国の多くのお寺では、住職が高齢化しており、後継者が不足していること、したがって過疎地においては、存続できずにやむなく廃寺になるケースも増えているようです。

もちろん、お寺といっても世界遺産に登録されるような有名な寺や、ご利益で多くの人々が参拝する有名な寺もありますが、地方の多くのお寺は、いわば、檀家も減少し、維持・経営が困難なものもあるそうです。相談された若いお坊さんたちの悩みは、これまで地域の中で果たしてきたお寺の機能が薄れているのではないか、地域の中での存在意義が薄れているのではないか、という危機感からの悩みでした。

たしかにお寺は、私の記憶でも、境内が子どもの遊び場であったし、葬式以後の季節の変わり目には、お寺にお参りにも行ったし、地域の祭りにお寺の行事もありました。地域の人々にとっては、お寺は日常生活の行事でも中心にあったような気がします。いわば、現在の、住民の生活改善機能や集まる場である公民館的機能、生涯学習センターの学びの機能など、あらゆる機能があったのです。

そこで若いお坊さんたちが、地域と連携して、まず今日的な「生涯学習まちづくり」「コミュニティ形成とその活性化」について学習したいという計画を立案しました。できれば、地域の人々とともに学習の機会を創りたいので協力してほしい、というわけです。

お寺でまちづくり研修会

平成十三年十二月一日。千葉県の勝浦、妙海寺を会場に、地域の人々を交えたまちづくり研修会「勝浦ミラクル会議」が実施されました。多くの参加者があり、企画は成功でした。内容は、「まちづくりの意義と方法」の学習の後、ワークショップで地域活性化方策を考えるものでした。

主催の妙海寺、妙海寺住職の佐々木教道氏が参加する「寺小屋ブッダ」（代表・松村和順氏）、千葉県南部日蓮宗青年会、それに筆者が所属するＮＰＯ法人全国生涯学習まちづくり協会が、全面的に連携したものでした。四十人の参加者のうち、十人は若い住職たち。地域の人々は多種多様な職場の人。年齢もばらばら。若い女性も行政担当者もワークショップに参加していました。ときどき笑い声もあり、活発な学習が展開されたのでした。

一日がかりの研修と交流の結果でしたが、勝浦には、お寺を中心としたすばらしい指導者集団が存在し、住民と共にまちづくりに奔走しているように見えました。いま、もう一つのまちづくり集団が誕生しているようです。

今後、お寺から発信するまちづくり研修の広がりによって、各地でお寺がまちづくりをリードすることが期待されています。

お寺も学習施設

また、お寺のコミュニティにおける役割を考えようと、お寺活性化コンペが行われました。地域のコミュニティを担う上でのお寺の役割が薄れているという認識です。若い住職さんたちは、まちに関わることを考えています。そこでまちづくりにかかる手法を身につけようと研修を行なっているのです。宗派を超えてまちづくりの基本について学ぼうと、広くお寺を舞台に研修を推進する計画について相談を受け、実施したものでした。

参考文献等

①中田実・山崎丈夫、小木曽洋二「地域再生と町内会・自治会」自治体研究社、二〇〇九年
②内閣府調査　「平成十六年度国民生活白書」（地方公共団体へのアンケート調査の結果）
③大阪国際大学准教授　谷口真由美
④臨時教育審議会の第三次答申
⑤「やねだん」ＭＢＣ
⑥「子ほめ条例のまちは変わるのか」
⑦創年時代二〇〇六年、筆者との対談の中で
⑧平成二十七年八月十日　日経夕刊
⑨観光庁「観光白書十三年度版」
⑩図書館流通センター　パンフレットより作成
⑪通信文化新報

本書の参考文献等

「生涯学習まちづくりの方法」日常出版　二〇〇三年十月
「子ほめ条例のまちは変わるのか」イザラ書房　二〇〇五年五月
「創年のススメ」　ぎょうせい　二〇〇七年三月
「図書館がまちを変える」　東京創作出版　二〇一三年十月
「おもてなしの力　～心で創る観光のまちづくり」悠雲舎　二〇一四年三月
まちの知恵シリーズ1～3
「助け助けられるコミュニティ　大山自治会の発明」悠光堂　二〇一一年十月
「生きがいとまちづくりの起爆剤は創年市民大学」悠光堂　二〇一一年十月
「生涯学習のまち宣言　金ケ崎の力」悠光堂　二〇一二年八月

ＮＰＯ法人 全国生涯学習まちづくり協会

1．ＮＰＯ法人 全国生涯学習まちづくり協会の目的

ＮＰＯ法人全国生涯学習まちづくり協会は、平成元年に、文部省が主催した全国生涯学習フェスティバルの、事業のボランティアによって、全国まちづくり研究会として結成されました。平成十二年から、まちづくりと生涯学習の推進に関する研究と実践を通じて、個性豊かなまちづくりに寄与することをめざす、ＮＰＯ法人全国生涯学習まちづくり協会としてスタートしました。

会員は、当初は、一般市民、研究者、市町村のまちづくり担当者、教育委員会関係者、ボランティア、地域アニメーターなど、全国の約一千人を超す指導者で構成されていました。そのうち、三割がＮＰＯ法人全国生涯学習まちづくり協会の一員として登録されているものです。

2．ＮＰＯ法人 全国生涯学習まちづくり協会（研究会）の事業

ＮＰＯ法人全国生涯学習まちづくり協会は、より多様で広がりのある活動を展開しています。全国生涯学習まちづくり協会の目的を達成させるために、その活動は、学習・交流だけでなく指導者養成、国際交流、研究開発、

青少年問題、高齢者対策など広範多岐にわたっています。発足以来、実施された事業を概観すると次のような事業があります。

（1）会員相互の交流と研修

①地区別の生涯学習まちづくり研修会・フォーラムの開催（現在実施中のもの）

「酒々井町　輝く創年とコミュニティフォーラム」

「佐野市　学びとまちづくりフォーラム」など

②研修会・フォーラムの開催

③地区別の会員の研修・交流会

（2）まちづくりボランティアの養成

①「地域アニメーターの認定資格」講座の実施

②まちづくりコーディネーターの認定資格講座の実施

③新しい資格取得講座の研究と開発

「旅のもてなしプロデューサー」は、着地型観光の担い手を目指す事業で、各地での開催を検討しています。また、全国生涯学習まちづくり協会の事業では、このほか、あらたに旅行介助士の養成を検討しています。

ぴんころ地蔵（長野県佐久市）

（3）青少年の健全育成の事業の実施

①「子どもをほめよう研究会」運動の推進

②「ふるさと歳時語り部講座」の実施

③「青少年おもてなしカレッジ」

子どもと大人が、地域について学習し、おもてなしを体験する運動を推進しています。これまで「子ども 夢基金」の支援を得て、全国各地で実施しています。

（4）創年運動の推進

①「創年市民大学」

創年が、学習成果を地域づくりに生かすことを前提に学習する市民大学

②「創年のたまり場」

日常的な生活の場に、創年が気軽に集まる場。ボランティアやまちづくり、観光などの拠点になっている例が多い

③創年の仕事づくりの研究

水上バスにて

（5）自治体事業の受託

①創年市民大学等の開設運営　鹿児島県志布志市　茨城県取手市　千葉県酒々井町

②地域人材養成事業　鹿児島県喜界町

③まちづくり研究所の開設運営　千葉県酒々井町

（6）研究・出版事業

①教材の作成・出版　図書の出版、ビデオ教材の作成等

②大学との共同研究　共同出版

③民間団体、市町村の事業の委託事業の受託

（7）生涯学習国際交流

①「日韓生涯学習まちづくりフォーラム」の開催

韓国の生涯学習フェスティバルにおいて隔年で実施している

②「日韓青少年平和交流サミット」の開催

（8）会員への情報提供と相談

①季刊誌「まち研タイムズ」の発行

②ホームページの運営

事務所　〒一一〇―〇〇〇三　東京都台東区根岸四―一八―四

電話　〇三―五八〇八―三五二五　ＦＡＸ　〇三―五八〇八―三五二六

メール　ｉｎｆｏ＠ｍａｃｈｉ―ｋｅｎ．ｊｐ

◇事務局トピックス

最近、全国生涯学習まちづくり協会事務局に訪れる人が増えています。事業に関する打ち合わせが多いのですが、もう一つの理由は事務局のスタッフにあるようです。自らたまり場を経営し、自治体のまちづくりに貢献する鮫島真弓さん、岩田美紀さんに会うためです。明るくさわやかで、いわゆる女性パワーで全国生涯学習まちづくり協会を支えています。あらゆる分野に実践を重ねた二人ですから、たいていのことにはトライします。本書で述べた項目も、彼女たちの声が、実は各ページににじみ出ているというぐらいです。彼女たちを取り巻くさらに多くの女性軍と男性陣。いい雰囲気です。

本書を読んでいただく皆さんと、彼女たちのグループが話し合う場面があったら、きっと楽しいことと思います。指導力もあり、各地の講座にも出演依頼のあるスタッフたちを応援してください。事務局を挙げて本書を発表します。

おわりに　創年が地域を創る

超高齢社会のわが国は、経済社会からすれば、人口が減少し生産力が低下し、要保護世代を増やし、社会の活力が停滞化することを示唆しているようです。

創年として、自ら生涯現役として積極的に生きるということは、個人にとっても健康で、学習を伴うことから脳の活用も含めて、より長寿のためにも効果的であるといわれています。そして増加する創年層が、社会的資産として活用できれば、それは大きな社会的資源を有していることになります。創年が活動することにより、地域にとっても、高齢社会の課題の解決にもつながり、国家にとってもきわめて刺激に富む創年資源となるのです。

創年の力は、新しい日本のため、まちづくりや青少年指導のために発揮されることが期待されます。また、今日、日本人としての固有の純粋性、文化性等が失われつつあることも危惧されていますが、その伝統継承の担い手として創年の存在が大きくなってくることは言うまでもありません。

創年は、学習を行い地域活動に参与し、できれば長く働き、さらに収入を得る活動を願っています。この活動そのものは、認知症予防にとっても、きわめて効果的な方法であることが広く認識されています。

まち歩きＴＶ番組「やるやる創年探偵団」

まち歩きＴＶ番組「やるやる創年探偵団」が、ケーブルテレビ「Ｊ：ＣＯＭ ＴＶ」でスタートすることが決まりました。俳優の三ツ木清隆さんがまちを訪ね、そこで活躍される創年を探ろうという番組です。本書で取り上げた分野でも多くのユニークな団体、創年からの報告があるかもしれません。全国で話題となる番組に、読者のみなさんが登場されることもあるかも知れません。本当に楽しみです。

本書では、創年の活動の可能性について考えてみました。まだまだ未知の活動分野があるかもしれません。本書を議論の材料にしていただきたいと思います。

本書の作成に当っては、東京創作出版の永島静香さんに多くのご苦労をおかけしました。そして多くのご提案をはじめ、全国生涯学習まちづくり協会の事務局、会員の皆さんのご協力をいただきました。深く感謝いたします。本書が、読者の皆様の、今後の活動に少しでもお役に立てば望外の喜びです。また、創年市民大学等の討論教材として活用できれば幸いです。

平成二十八年　十月

福留　強

著者紹介

福留　強（ふくどめ　つよし）

聖徳大学名誉教授、ＮＰＯ法人全国生涯学習まちづくり協会理事長
事業構想大学院大学事業構想研究所 客員教授

昭和 52 年国立社会教育研修所主任専門職員、文部省社会教育局、生涯学習局社会教育官、平成 5 年九州女子大学教授、聖徳大学教授、両大学で生涯学習研究所長を経て現職
現在、現職のほか内閣府地域活性化伝道師、全国生涯学習市町村協議会世話人
生涯学習審議会、社会教育委員会議、教育計画委員など自治体の役職多数
指導等で関わった自治体は約 1050。まちづくりボランティア制度や「創年運動」「観光まちづくり」を提唱。鹿児島県生まれ

主な著書　「いまこそ市民改革を～生涯学習時代の生き方」（文芸社）
「子どもの心を育てる」（日常出版）
「市民が主役のまちづくり」（全日本社会教育連合会）
「生涯学習まちづくりの方法」（日常出版）
「子ほめ条例のまちは変わるのか」（イザラ書房）
「創年のススメ」（ぎょうせい）
「もてなしの習慣～みんなで観光まちづくり」（悠雲社）
「図書館がまちを変える」（東京創作出版）　他

わくわく創年時代　年金プラスαの生き方

2016 年 10 月 15 日 発行　　定価：本体 1,700 円＋税

著者　福留　強
発行者　永島 静香
発行所　東京創作出版
〒271-0082 千葉県松戸市二十世紀が丘戸山町 53-1
Tel/Fax　047-391-3685
http://www.sosaku.info/

装丁・水落ゆうこ／印刷・藤原印刷株式会社

ISBN 978-4-903927-25-1